Espagn

LE MOT POUR DIRE

LE MOT POUR DIRE

Vocabulaire thématique

Jean-Paul Vidal

BORDAS

Illustrations : Catherine Beaumont
Conception maquette : Emmanuelle Braine-Bonnaire
Mise en page : Linéale Production
Coordination éditoriale : Isabelle Lecharny
Édition : Christine Ligonie
Révision des textes : Jean-Jacques Carréras

ISBN 2-07-730321-4

Présentation

Cet ouvrage propose, classés par thèmes, plus de 4 000 mots usuels de l'espagnol d'aujourd'hui à l'attention de tous ceux qui apprennent cette langue et souhaitent acquérir un vocabulaire pratique et vivant. Il s'adresse aussi bien aux élèves du secondaire (collégiens et lycéens) et aux étudiants de premier cycle qu'aux adultes qui veulent consolider leur connaissance de l'espagnol ou qui envisagent d'effectuer un séjour plus ou moins long en Espagne ou en Amérique latine.

Le vocabulaire est réparti en 40 chapitres, divisés eux-mêmes en plusieurs sous-chapitres d'une page. Cette présentation simple et claire facilite la consultation et permet de retrouver aisément un mot dans un contexte thématique donné. Par ailleurs, les termes sont groupés par analogie (et non par ordre alphabétique ou grammatical) afin de favoriser une mémorisation plus rapide.

Au bas de chaque liste, des encadrés « Pour aller plus loin » apportent des informations complémentaires et variées : phrases de la conversation courante, mettant ainsi les mots dans un contexte, tournures idiomatiques, proverbes, remarques grammaticales, éléments de civilisation.

Remarques

• L'illustration : les numéros qui figurent dans les illustrations renvoient aux mots du chapitre suivis des mêmes numéros.

• En ce qui concerne les traductions, la virgule sépare les synonymes et le point-virgule les différentes acceptions du mot.

• Nous ne donnons ici que les formes masculines des adjectifs. En règle générale, les adjectifs terminés par ***o*** changent ce ***o*** en ***a*** au féminin. Les autres gardent la même forme pour les deux genres. Ceux en ***án***, ***ín***, ***ón***, ***or*** prennent un ***a*** (et l'accent tombe).

• Les verbes dont le radical change sont indiqués de cette façon : *cerrar* (*ie*) ; *contar* (*ue*) ; *pedir* (*i*) ; *sentir* (*ie, i*) ; *dormir* (*ue, u*).

• Abréviations utilisées : *fam.* : familier ; *pl.* : pluriel.

Índice – Sommaire

Para saludar, fórmulas de cortesía / *Pour saluer, formules de politesse*

buenos días	bonjour
buenas tardes	bonjour (l'après-midi)
buenas noches	bonsoir, bonne nuit
¡ hola !	salut !, bonjour !
¿ qué tal ? **¿ qué hay ?**	comment ça va ?, ça va ?
¿ cómo estás ? **¿ cómo está usted ?**	comment vas-tu ?, comment allez-vous ?
adiós	au revoir, adieu
hasta luego	à bientôt, au revoir
hasta la vista	au revoir
¡ (buena) suerte !	bonne chance !
por favor	s'il te plaît, s'il vous plaît
gracias	merci
muchas gracias	merci beaucoup
de nada	de rien
con mucho gusto	avec plaisir
perdón	pardon
disculpe, perdone	excusez-moi, désolé
lo siento (mucho)	je le regrette (beaucoup), je suis désolé(e)
¡ cuidado !, ¡ ojo !	attention !
ten cuidado	fais attention

POUR ALLER PLUS LOIN

- Dans la langue écrite, les interrogations doivent toujours être précédées du signe ¿, les exclamations du signe ¡.
Ne pas oublier l'accent écrit sur les mots interrogatifs ou exclamatifs : ***¿ cómo ?, ¿ cuándo ?, ¿ qué ?,*** etc.

- Pour appeler au téléphone : ***¡ oiga !*** (c'est-à-dire « écoutez ! », du verbe ***oír***) ; pour répondre : ***¡ diga !*** (c'est-à-dire « dites ! », du verbe ***decir***) ou parfois ***¡ dígame !*** (dites-moi).
– ***¿ está Vicente ?***, est-ce que je pourrais parler à Vincent ?
– ***sí, soy yo***, lui-même, oui, c'est moi.
– ***¿ de parte de quién ?***, c'est de la part de qui ?
– ***¿ quién está al aparato ?***, ***¿ con quién hablo ?***, qui est à l'appareil ?
– ***soy Carmen***, c'est Carmen.
(voir aussi p. 95 au sujet du téléphone)

- **¡ Ojo !** ***Ojo***, « œil », est une interjection très usitée dans le sens de « ouvrez l'œil ! », « attention ! ». Elle est parfois renforcée : ***¡ mucho ojo !*** Quant à ***cuidado***, il s'emploie toujours avec la préposition ***con*** : ***¡ cuidado con el escalón !***, attention à la marche !

Preguntar y contestar | *Demander et répondre*

¿ cómo ?	comment ?
¿ por qué ?	pourquoi ?
¿ qué es esto ?	qu'est-ce que c'est que ça ?
¿ cuándo ?	quand ?
¿ dónde está… ?	où est… ?
¿ quién es… ?	qui est… ?
¿ cuál ?	quel ?, lequel ?
¿ cuánto ?	combien ?
¿ verdad ?	n'est-ce pas ?
sí	oui
no	non
no sé	je ne sais pas
de acuerdo	d'accord
vale	d'accord, ça va, OK
muy bien	très bien
¡ bueno !	bon !, bien !
¡ claro !	bien sûr !, évidemment !
desde luego, por supuesto	évidemment, bien entendu
no hay problema	il n'y a pas de problème
sin duda	sans doute
quizás, quizá, tal vez, acaso, a lo mejor	peut-être
más bien	plutôt
mejor dicho	ou plutôt
eso es	c'est ça
y, e	et
o, u	ou
pero	mais
sin embargo	cependant
con	avec
sin	sans
como	comme
también	aussi
tampoco	non plus
al contrario	au contraire
en cambio	par contre, en revanche
a pesar de	malgré
no importa	ça ne fait rien, peu importe
¡ qué lástima !, ¡ qué pena !	quel dommage !
menos mal	heureusement
¡ mejor !, ¡ mucho mejor !, ¡ mejor que mejor !	tant mieux !
¡ qué guay ¡ *(fam.)*	super !
es decir	c'est-à-dire
porque	parce que

POUR ALLER PLUS LOIN

- Ne pas confondre ***¿ por qué ?*** (pourquoi ?) et ***porque*** (parce que).
- ***Y*** devient ***e*** devant ***i*** ou ***hi*** (***Tristán e Iseo***, Tristan et Iseut) ; ***o*** devient ***u*** devant ***o*** ou ***ho*** (***siete u ocho***, sept ou huit).
- « Mais » se traduit par ***pero***. Quand la première partie de la phrase est négative on emploie ***sino*** : ***Carlos no es español sino chileno***, Carlos (Charles) n'est pas espagnol mais chilien.

1

Yo y los demás

Moi et les autres

La identidad — *L'identité*

el apellido	le nom (de famille)
el nombre (de pila)	le prénom
llamarse	s'appeler
¿ cómo se llama usted ?	comment vous appelez-vous ?
¿ cómo te llamas ?	comment tu t'appelles ?
me llamo…	je m'appelle…
la edad	l'âge
¿qué edad tienes?, ¿cuántos años tienes?	quel âge as-tu ?
el sexo	le sexe
la nacionalidad	la nationalité
soy español, francés	je suis espagnol, français
extranjero (1)	étranger (au pays)
forastero	étranger (à la ville, à la région)
el domicilio	le domicile
la dirección, las señas	l'adresse
vivo en Sevilla	j'habite (à) Séville
el número de teléfono	le numéro de téléphone
el carné de identidad	la carte d'identité
la foto de carné	la photo d'identité
el pasaporte	le passeport
la documentación	les papiers (d'identité)
indocumentado	sans papiers
soltero, soltera	célibataire
casado, casada	marié, mariée
viudo, viuda	veuf, veuve
señor, señora	monsieur, madame
señorita	mademoiselle
don, doña	monsieur, madame (devant le prénom)
la firma	la signature
firmar (2)	signer

POUR ALLER PLUS LOIN

- « Carte d'identité » se dit, dans la langue officielle, ***documento nacional de identidad*** (en abrégé DNI). ***Carné*** est l'adaptation du mot français « carnet » qui s'emploie également tel quel en espagnol.
- Les Espagnols portent deux noms de famille : celui de leur père suivi de celui de leur mère. Si ***Isabel Pérez Sánchez*** épouse ***Enrique Álvarez Herrero***, elle s'appellera ***Isabel Pérez de Álvarez***, la préposition ***de*** signifiant « épouse de ». Leurs enfants s'appelleront ***Álvarez Pérez***. Notez la formule : ***la señora de Álvarez, de soltera Pérez Sánchez***, madame Álvarez, née Pérez Sánchez. ***Los señores Álvarez***, monsieur et madame Álvarez.
- ***Señor, señora, señorita*** s'écrivent en abrégé ***Sr., Sra., Srta., Don, Doña*** (qui ne s'emploient que devant les prénoms) ***D., D.ª : Sr. D. Luis Ramírez,*** M. Luis Ramírez. Sauf si l'on s'adresse directement à la personne (***sí, señor***, oui, monsieur), l'article défini est obligatoire devant ***señor, señora*** et ***señorita : el señor Ramírez es cubano, la señora Sol catalana y la señorita Rojas chilena***, monsieur Ramírez est cubain, madame Sol catalane et mademoiselle Rojas chilienne.

El ser humano — L'être humain

el hombre (3)	l'homme
la mujer (4)	la femme
nacer	naître
el nacimiento	la naissance
el recién nacido	le nouveau-né
el bebé, el nene (5)	le bébé
el lactante	le nourrisson
el niño (6)	l'enfant, le petit garçon
la niña (7)	la petite fille
la niñez	l'enfance
el chico, el muchacho	le garçon
la chica, la muchacha	la fille
el chaval	le gamin, le gosse
el joven, la joven	le jeune homme, la jeune fille
los jóvenes	les jeunes
joven	jeune
la juventud	la jeunesse
la adolescencia	l'adolescence
el adulto	l'adulte
menor de edad	mineur
mayor de edad	majeur
el anciano, la anciana	le vieillard, la vieille femme
los ancianos	les personnes âgées
viejo, vieja	vieux, vieille
la vejez	la vieillesse
la tercera edad	le troisième âge
vivir	vivre
vivo	vivant
la vida	la vie
morir (ue)	mourir
ha muerto	il est mort
el difunto	le défunt
la muerte	la mort
el entierro	l'enterrement

POUR ALLER PLUS LOIN

- L'interjection ***¡ hombre !*** (homme) exprime la surprise (quoi !), l'incrédulité (allons donc !), l'ironie (voyons !), l'affection (mon vieux !), etc., selon le contexte. Le féminin ***¡ mujer !*** s'emploie aussi.
- Le mot ***caballero*** (chevalier) a parfois le sens de ***señor*** (monsieur) ou de ***hombre*** (homme) : ***peluquería de caballeros***, salon de coiffure pour hommes. ***Una señora*** signifie une dame, une femme, et ***una señorita*** une demoiselle ; ***peluquería de señoras***, salon de coiffure pour dames.
- ***Mayor*** et ***menor*** sont les comparatifs irréguliers de ***grande*** (grand) et ***pequeño*** (petit). En parlant d'une personne, ils ont aussi les sens, respectivement, de « plus âgé » et « moins âgé » ; ***una señora muy mayor***, une dame très âgée. ***Mayor de edad*** signifie « majeur » et ***menor de edad*** « mineur ». Notez la phrase : ***¿ qué te gustaría ser de mayor ?***, qu'est-ce que tu aimerais être quand tu seras grand(e) ? ; ***yo de mayor quiero ser…***, moi, quand je serai grand(e), je veux être… Le pluriel ***los mayores***, « les plus grands », désigne les aïeux ou les grandes personnes (voir le sous-chapitre suivant.)

La familia (1) | La famille (1)

el padre (8)	le père
la madre (9)	la mère
el papá, la mamá	le papa, la maman
los padres	les parents
paterno, materno	paternel, maternel
el hijo, la hija	le fils, la fille
los hijos	les enfants
el hermano, la hermana	le frère, la sœur
mayor	aîné
menor	cadet
el parentesco	la parenté
el abuelo (10)	le grand-père,
la abuela (11)	la grand-mère
los abuelos	les grands-parents
el nieto, la nieta	le petit-fils, la petite-fille
los nietos	les petits-enfants
el tío, la tía	l'oncle, la tante
el sobrino, la sobrina	le neveu, la nièce
el primo, la prima	le cousin, la cousine
el padrino	le parrain
la madrina	la marraine
el ahijado, la ahijada	le filleul, la filleule
el novio, la novia	le fiancé, la fiancée
los novios	les jeunes mariés
enamorarse	tomber amoureux
familiar	familial

POUR ALLER PLUS LOIN

- ***El papá*** : ne pas oublier l'accent écrit (donc tonique) sur le second ***a***, ***el papa*** (sans accent) désignant le pape.
- ***Los padres*** (les parents) désigne le père et la mère, et ***los parientes*** les membres de la famille au sens large ; ***un pariente cercano, lejano***, un proche parent, un parent éloigné. Remarquez le mot ***pariente*** dans le proverbe : ***más vale un amigo que pariente ni primo*** (mot à mot : un ami vaut mieux qu'un parent ou cousin).
- ***Mi hermana mayor***, ma sœur aînée ; ***soy el menor de mis hermanos***, je suis le plus jeune de mes frères (et sœurs) ; ***hijos menores de 14 años***, enfants de moins de 14 ans ; ***mi hermanito***, mon petit frère.
- ***Tío, tía*** : au pluriel, ***mis tíos*** a généralement le sens de « mon oncle et ma tante ». Dans la langue familière, ***un tío*** signifie « un type », et ***el tío Emilio*** (par exemple), « le père Émile ».
- ***El novio, la novia***, familièrement « le (la) petit(e) ami(e) », signifient aussi « le (la) jeune marié(e) » ; ***viaje de novios***, voyage de noces. ***La petición de mano***, les fiançailles ; ***prometerse***, se fiancer.

Un refrán (un proverbe) : ***de tal palo tal astilla*** (mot à mot : de tel bâton tel éclat de bois), tel père tel fils.

La familia (2) | *La famille (2)*

casarse	se marier
los recién casados	les jeunes mariés
la boda	le mariage, la noce
el matrimonio	le mariage, le ménage
el marido	le mari
la mujer	la femme
el esposo (12)	l'époux,
la esposa (13)	l'épouse
la pareja	le couple
el suegro	le beau-père
la suegra	la belle-mère
los suegros	les beaux-parents
el yerno	le gendre
la nuera	la bru, la belle-fille
el cuñado,	le beau-frère,
la cuñada	la belle-sœur
está embarazada	elle est enceinte
el embarazo	la grossesse
criar	nourrir, élever
educar	élever, éduquer
la educación	l'éducation
maleducado	mal élevé
el huérfano	l'orphelin
adoptar	adopter
reñir	se disputer ; se brouiller
el divorcio	le divorce
divorciarse	divorcer
se han divorciado	ils ont divorcé

POUR ALLER PLUS LOIN

Dos refranes (deux proverbes) :
antes que te cases, mira lo que haces (mot à mot : avant de te marier, regarde ce que tu fais), il faut réfléchir avant d'agir.
Dios los cría y ellos se juntan (mot à mot : Dieu les crée et eux s'assemblent), qui se ressemble s'assemble. Le verbe ***criar***, archaïsme dans le sens de « créer », est courant dans celui de « nourrir », d'« élever » (un enfant, un animal). Le mot ***criatura*** (créature) désigne aussi un bébé, un petit enfant et un ***crío***, un gosse.

● « Mariage » se traduit par ***matrimonio*** dans le sens d'union légale ou religieuse, ***(el matrimonio civil***, le mariage civil), par ***boda*** ou ***casamiento*** pour désigner la célébration ou la cérémonie : ***asistir a la boda de un amigo***, assister au mariage d'un ami ; ***el anillo de boda***, l'alliance ; ***regalo de boda***, cadeau de mariage. ***Boda*** signifie aussi « noce » : ***las bodas de oro***, les noces d'or ; ***Las bodas de Fígaro*** (Mozart), *Les Noces de Figaro*. ***Matrimonio*** désigne également le couple, un ménage : ***un matrimonio sin hijos,*** un ménage sans enfants.

La vida social, la gente / *La vie sociale, les gens*

la reunión	la réunion
reunirse	se réunir
juntarse	se rassembler
la tertulia	la réunion (d'amis)
convidar, invitar	inviter
la fiesta	la fête
el cumpleaños	l'anniversaire
el santo	la fête (jour du saint patron)
hoy es mi santo	c'est aujourd'hui ma fête
celebrar	célébrer, fêter
felicitar	féliciter
¡ mi enhorabuena !	mes félicitations !
el amigo	l'ami
el compañero	le camarade
las amistades	les relations, les amis
la pandilla	la bande (groupe de personnes)
el guateque	la surprise-partie
el regalo	le cadeau
regalar	offrir, faire cadeau de
ofrecer	offrir
dar	donner
la cita	le rendez-vous
citarse	se donner rendez-vous
la visita	la visite
el encuentro	la rencontre
el recado	la commission ; le message
el éxito	le succès
la fama	la renommée
famoso	célèbre
los famosos	les célébrités
la costumbre	la coutume
acostumbrarse	s'habituer
soler (ue)	avoir l'habitude de

POUR ALLER PLUS LOIN

Un refrán : ***dime con quien andas y te diré quien eres***, dis-moi qui tu hantes, je te dirai qui tu es.

● **Les présentations** :
– ***Le presento a mi hermano Paco***, je vous présente mon frère Paco.
– ***Mucho gusto (de conocerle)***, enchanté(e) de vous connaître.
(On peut dire ***encantado, encantada*** à la place de ***mucho gusto***.)
– ***El gusto es mío***, enchanté(e) (réponse).
– ***Ha sido un placer conocerle***, ravi(e) d'avoir fait votre connaissance.

● Le mot ***la gente*** (les gens) est féminin singulier : ***la gente es así***, les gens sont comme ça ; ***había mucha gente***, il y avait beaucoup de monde. Le pluriel ***las gentes*** s'emploie parfois.

● Les mots familiers « copain », « copine » n'ont pas d'équivalent exact : un vieux copain, ***un amigo de toda la vida*** ; ma meilleure copine, ***mi mejor amiga*** ; mes copains de classe, ***mis compañeros de curso***.

● S'agissant d'un rendez-vous avec le médecin, le coiffeur, etc., on dira : ***tengo hora en el dentista***, j'ai rendez-vous chez le dentiste ; ***me ha dado hora para el jueves***, il m'a fixé un rendez-vous pour jeudi. ***Previa petición de hora***, sur rendez-vous.

2

Describir
Décrire

El aspecto físico (1) | L'aspect physique (1)

la apariencia	l'apparence
la dimensión	la dimension
el tamaño	la taille, la grandeur
la altura	la hauteur ; la taille
alto (1)	haut ; grand (une personne)
la longitud	la longueur
largo	long
la anchura	la largeur
ancho	large
la profundidad	la profondeur
profundo	profond
bajo	bas ; petit
corto	court
grande, gran	grand
pequeño (2)	petit
recto	droit
llano	plat
torcido	tordu
doblado	plié
espeso	épais
grueso, gordo (3)	gros
delgado (4)	mince, maigre
estrecho	étroit
entero	entier
normal	normal
enorme	énorme
inmenso	immense
gigantesco	gigantesque
gigante	géant
enano	nain
minúsculo	minuscule

POUR ALLER PLUS LOIN

¡ Ojo ! ***largo*** veut dire « long » et non « large », qui se dit ***ancho***. ***Ancho*** peut avoir également le sens de « trop large », « trop grand », en parlant d'un vêtement par exemple.

● « Grand » se traduit par ***alto*** quand on se réfère à la taille (***una mujer alta***, une grande femme), par ***grande*** (placé après le nom) pour indiquer la dimension : ***una sala grande***, une grande salle (ou ***una gran sala***). ***Grande*** s'apocope en effet en ***gran*** devant un nom masculin ou féminin singulier (notamment lorsqu'il s'agit d'une grandeur abstraite ou figurée) : ***un gran pintor***, un grand peintre ; ***un gran número de…***, un grand nombre de…
Grande, gran peuvent aussi se traduire par « gros », « grosse » : ***un pecho grande***, une grosse poitrine (voir aussi p. 24 à propos de l'aspect extérieur d'une personne).

● Les suffixes sont d'un emploi très fréquent en espagnol, surtout les diminutifs pour exprimer la petitesse avec, presque toujours, une valeur affective (voir p. 179). Le suffixe diminutif ***-ito, -ita*** est le plus courant : ***una casita***, une petite maison. Autres suffixes : ***-cito, -illo***, etc. Le suffixe augmentatif le plus employé est ***-ón, -ona***, avec souvent une connotation péjorative. Le suffixe ***-ísimo***, ***-ísima*** sert à former le superlatif absolu : ***altísimo, muy alto***, très haut.

El aspecto físico (2) | L'aspect physique (2)

ser	être
existir	exister
la existencia	l'existence
la realidad	la réalité
real	réel
concreto	concret
sólido	solide
la presencia	la présence
parecer	paraître, sembler
el cambio	le changement
cambiar	changer
transformarse	se transformer
volverse (ue), ponerse, hacerse	devenir
resultar	résulter, être
la diferencia	la différence
diferente, distinto	différent, distinct
la variedad	la variété
variado	varié
igual	égal
hermoso	beau
bonito	joli
mono	mignon, joli
atractivo	attirant, séduisant
feo	laid
ridículo	ridicule
común	commun
corriente	courant
vulgar	vulgaire
raro	rare ; bizarre, curieux
extraño	étrange
extraordinario	extraordinaire
excepcional	exceptionnel

POUR ALLER PLUS LOIN

- Rappelez-vous que l'espagnol a deux verbes « être », ***ser*** et ***estar***, dont le choix est souvent délicat. ***Ser*** s'emploie notamment pour définir : ***María es alta y guapa***, Marie est grande et belle. (voir p. 56, 182 et 185).
- **Beau, belle** : ***hermoso, hermosa*** est l'adjectif courant, ***bello, bella*** appartient à la langue soignée, ***guapo, guapa*** s'applique seulement aux personnes (voir p. 153).
- **Joli** : ***un color bonito***, une jolie couleur ; ***una chica bonita***, une jolie fille (on peut employer aussi l'adjectif ***lindo***) ; ***¡ qué nene más mono !***, quel joli, mignon bébé ! L'adjectif ***precioso*** (précieux) a aussi le sens de très joli, ravissant.
- **Laid** : ***ser más feo que Picio***, être laid comme un pou (Picio est un personnage imaginaire).
- Le verbe ***resultar***, d'un emploi très fréquent, suggère l'idée d'une conséquence et peut se traduire par « être » : ***esta decisión resulta inoportuna***, cette décision est inopportune.

Volverse, ponerse : voir page suivante.

Formas y colores | *Formes et couleurs*

la cosa	la chose	**el lado**	le côté
el objeto	l'objet	**la punta**	la pointe
la figura (5)	la figure	**puntiagudo**	pointu
el círculo (6)	le cercle	**ovalado, oval**	ovale
circular	circulaire	**el agujero**	le trou
la esfera	la sphère	**el color**	la couleur
esférico	sphérique	**blanco** (10)	blanc
el cilindro	le cylindre	**negro** (11)	noir
cilíndrico	cylindrique	**gris** (12)	gris
el cono	le cône	**amarillo**	jaune
cónico	conique	**anaranjado**	orangé
el cubo	le cube	**azul**	bleu
cúbico	cubique	**rojo**	rouge
redondo	rond	**de color rosa**	rose
el cuadrado (7)	le carré	**verde**	vert
cuadrado	carré	**beige, beis**	beige
el rectángulo (8)	le rectangle	**marrón**	marron
rectangular	rectangulaire	**violeta**	violet
el triángulo	le triangle	**oscuro**	obscur, sombre ; foncé
triangular	triangulaire		
la pirámide	la pyramide	**claro**	clair
el ángulo (9)	l'angle	**brillante**	brillant
la base	la base	**pálido**	pâle

POUR ALLER PLUS LOIN

● ***Azul claro, celeste***, bleu clair, ciel ; ***verde oscuro***, vert foncé ; ***una foto en blanco y negro***, une photo en noir et blanc ; ***una novela rosa***, un roman à l'eau de rose ; et, au figuré, ***verlo todo color de rosa***, voir tout en rose.

¡ Ojo ! le mot *color* est masculin : ***los colores nacionales***, les couleurs nationales ; ***ponerse de mil colores***, passer par toutes les couleurs, rougir. « Rougir », en parlant d'une personne, se dit : ***ponerse rojo*** ou ***colorado***, littéralement « devenir rouge ». « Devenir » est ici traduit par ***ponerse***, qui indique un changement passager, accidentel. Pour exprimer l'idée d'un changement durable, « devenir » se traduit par ***volverse*** ou ***hacerse***.

3

El cuerpo humano

Le corps humain

3
2
5
4
6
13
11
9
8
12
7
10

La cabeza | *La tête*

el cráneo	le crâne
el cerebro	le cerveau
la cara, el rostro	le visage
la frente	le front
el ojo	l'œil
el párpado	la paupière
la pestaña	le cil
la ceja	le sourcil
la nariz (*pl.* **las narices**)	le nez
la boca	la bouche
el labio	la lèvre
el diente, la muela	la dent
la lengua (1)	la langue
el paladar	le palais
la oreja (2)	l'oreille
la mejilla	la joue
el pómulo	la pommette
las pecas	les taches de rousseur
la barbilla	le menton
la barba	la barbe
el bigote	la moustache
el pelo (3)	le poil ; les cheveux
castaño	châtain
moreno	brun
rubio	blond
rizado	frisé
calvo	chauve
el cuello (4)	le cou
la garganta	la gorge
la nuca (5)	la nuque

POUR ALLER PLUS LOIN

- **L'œil** : ***abrir, cerrar los ojos***, ouvrir, fermer les yeux ; ***en un abrir y cerrar de ojos,*** en un clin d'œil ; ***a ojo de buen cubero,*** au jugé, à vue de nez ; ***a ojos vistas***, à vue d'œil ; ***¡ ojo !***, attention ! (voir p. 8).
- **Le nez** : ***una nariz respingona***, un nez en trompette ; ***estar hasta las narices de…***, en avoir ras le bol de…
- **Les dents** : ***los dientes*** ou ***las muelas*** (***una muela*** désigne en particulier une molaire) : ***dolor de muelas***, mal aux dents ; ***muela del juicio***, dent de sagesse ; ***dar diente con diente***, claquer des dents.
- **L'oreille** : ***la oreja*** désigne le pavillon, ***el oído*** l'organe (et le sens de l'ouïe) : ***aguzar el oído***, tendre l'oreille ; ***hacer oídos sordos*** ou ***de mercader***, faire la sourde oreille ; ***ser duro de oído,*** être dur d'oreille ; ***ser todo oídos,*** être tout ouïe.
- **Les cheveux** : ***el cabello*** ou (plus couramment) ***el pelo*** : ***la caída del cabello***, la chute des cheveux ; ***tener el pelo liso, rizado, seco, graso***, avoir les cheveux plats, frisés, secs, gras ; ***un pelirrojo***, un roux. Dans la langue familière, ***tomar el pelo a alguien*** signifie « se payer la tête de quelqu'un », le mettre en boîte.

Los miembros | *Les membres*

el brazo	le bras
el codo (6)	le coude
la muñeca (7)	le poignet
la mano (8)	la main
el dedo	le doigt
el pulgar	le pouce
el índice	l'index
el meñique	le petit doigt
la uña	l'ongle
la palma	la paume
el puño	le poing
ser zurdo	être gaucher
el hombro	l'épaule
encogerse de hombros	hausser les épaules
la cadera	la hanche
la pierna (9)	la jambe
el muslo (10)	la cuisse
la rodilla (11)	le genou
ponerse de rodillas	se mettre à genoux
arrodillarse	s'agenouiller
la pantorrilla	le mollet
el tobillo	la cheville
el pie (12)	le pied
el talón	le talon

POUR ALLER PLUS LOIN

- Les suffixes ***-ada, -azo*** servent à former des mots exprimant une idée de « coup donné » : ***un codazo***, un coup de coude ; ***un rodillazo***, un coup de genou ; ***un puñetazo***, un coup de poing ; ***una patada***, un coup de pied.
- **Le bras** : ***entró del brazo de su marido***, elle entra au bras de son mari ; ***cogidos del brazo***, bras dessus, bras dessous ; ***recibir con los brazos abiertos***, recevoir à bras ouverts ; au figuré ***no dar su brazo a torcer***, ne pas céder, ne pas en démordre.
- **La main** : ***pintado a mano***, peint à la main ; ***un apretón de manos***, une poignée de main ; ***alargar la mano***, tendre la main ; ***tener a mano***, avoir sous la main ; ***¿ me echas una mano ?***, tu me donnes un coup de main ? ; ***estar mano sobre mano***, se tourner les pouces, rester sans rien faire.
- **Le pied** : ***ir a pie***, aller à pied ; ***estoy de pie desde las cinco de la mañana***, je suis debout depuis cinq heures du matin ; ***de pies a cabeza***, de la tête aux pieds ; ***hacer pie***, avoir pied (dans l'eau).
- **Le talon** : ***el talón*** (du pied), ***el tacón*** (de la chaussure) ; ***el talón de Aquiles***, le talon d'Achille ; ***pisarle los talones a alguien***, marcher sur les talons de quelqu'un ; ***Con la muerte en los talones*** (Hitchcock), *La Mort aux trousses*.

El tronco | Le tronc

el pecho (13)	la poitrine	**el estómago**	l'estomac
los pechos, los senos	les seins	**el intestino**	l'intestin
la espalda (14)	le dos	**digerir (ie)**	digérer
el vientre (15)	le ventre	**el hígado**	le foie
el trasero	le derrière	**los riñones**	les reins
las nalgas (16)	les fesses	**la talla, la estatura**	la taille (la stature)
la piel, el cutis	la peau	**delgado**	mince, maigre
la arruga	la ride	**adelgazar (2 kilos)**	maigrir (de 2 kilos)
la carne	la chair	**flaco**	maigre
el hueso	l'os	**esbelto**	svelte
el esqueleto	le squelette	**regordete**	grassouillet
la columna vertebral	la colonne vertébrale	**gordo**	gros
el nervio	le nerf	**engordar (2 kilos)**	grossir (de 2 kilos)
el músculo	le muscle	**crecer**	grandir
la sangre	le sang	**ha crecido mucho**	il a beaucoup grandi
el corazón	le cœur	**envejecer**	vieillir
el pulmón, los pulmones	le poumon, les poumons		
respirar	respirer		

POUR ALLER PLUS LOIN

● ***Dar el pecho***, donner le sein ; ***niño de pecho***, enfant à la mamelle, nourrisson et, au figuré, ***tomar a pecho***, prendre à cœur.
La espalda, le dos (et non « l'épaule » ; souvent au pluriel) ; ***dar de espaldas***, tomber sur le dos, à la renverse ; ***volver la(s) espalda(s)***, tourner le dos.

● ***Carne*** signifie « chair » mais aussi « viande ».

● L'expression familière ***hacer de tripas corazón***, littéralement « faire de ses tripes son cœur », a le sens de « surmonter son dégoût », « prendre son courage à deux mains ».

● **Le cœur** : ***el corazón late, da latidos***, le cœur bat ; ***te lo agradezco de corazón***, je t'en remercie du fond du cœur.

● **Le sang** : ***la sangre circula por las venas y las arterias***, le sang circule dans les veines et dans les artères ; ***donante de sangre***, donneur de sang ; ***a sangre fría***, de sang froid.

Los sentidos, las sensaciones | *Les sens, les sensations*

la vista	la vue
ver	voir
mirar	regarder
la mirada	le regard
echar un vistazo a..., una ojeada a...	jeter un coup d'œil sur…
divisar	apercevoir
ciego	aveugle
el oído	l'ouïe
oír	entendre
escuchar	écouter
sordo	sourd
el olfato	l'odorat
oler (hue)	sentir (par l'odorat)
huele bien, mal	ça sent bon, mauvais
el olor	l'odeur
el gusto	le goût
el sabor	la saveur, le goût
saber a	avoir un goût de
saborear, paladear	savourer
el tacto	le toucher
tocar	toucher
suave	doux (au toucher notamment)
dulce	doux, sucré
blando	mou
duro	dur
áspero	rugueux ; âpre
agradable	agréable
el reflejo	le réflexe
experimentar	éprouver
apreciar	apprécier
gustar	plaire, aimer

POUR ALLER PLUS LOIN

Un refrán : ***en tierra de ciegos, el tuerto es rey***, au royaume des aveugles, les borgnes sont rois.

¡ Ojo ! ***a ver*** (ou ***vamos a ver***) équivaut à « voyons », « voyons voir ».

● « Entendre » se dit ***oír*** et non ***entender*** (voir p. 188) qui signifie « comprendre » : ***oigo pasos***, j'entends des pas ; ***he oído decir que…***, j'ai entendu dire que… ; ***mi abuelo no oye bien***, mon grand-père n'entend pas bien ; ***es más sordo que una tapia*** (un mur), il est sourd comme un pot.

● La préposition ***a*** **:** ***un olor a frituras***, une odeur de friture ; ***hueles a tabaco***, tu sens le tabac ; ***un sabor a limón***, un goût de citron ; ***este licor sabe a naranja***, cette liqueur a un goût d'orange.

● « Plaire » se traduit par ***gustar*** : ***me gusta este olor***, j'aime cette odeur (mot à mot : cette odeur me plaît) ; ***me gustan los viajes***, j'aime les voyages (mot à mot : les voyages me plaisent) ; ***a mi hermano le gusta el fútbol***, mon frère aime le football (mot à mot : à mon frère lui plaît le football) ; ***ne me gustó su modo de hablar***, je n'ai pas aimé sa façon de parler, sa façon de parler ne m'a pas plu.

LANA y ACRÍLICO
¡fiesta de la MODA!
FALDAS 30 EUROS
PANTALONES 50 EUROS
SEDA NATURAL
LINO 70%
FRANELA
ALGODÓN 100%
15
9
16
8
6
1
17
12
5
23
2
4
13

4

La ropa

Les vêtements

La ropa (1) — Les vêtements (1)

la ropa	les vêtements ; le linge
las prendas de vestir	les vêtements
el vestido (1)	le vêtement ; la robe
el traje	le costume
el pantalón (2)	le pantalon
los tejanos, los vaqueros	le jean
el bolsillo (3)	la poche
la falda (4)	la jupe
la camisa	la chemise
la blusa (5)	le chemisier, le corsage
el cuello (6)	le col
la manga (7)	la manche
el polo	le polo
el jersey (8)	le pull
el chaleco (9)	le gilet
la chaqueta, la americana	la veste
la cazadora (10)	le blouson
el chaquetón	la veste
el chandal	le survêtement
el abrigo (11)	le manteau
el gabán	le pardessus
el impermeable (12)	l'imperméable
la gabardina	la gabardine
la parka	la parka
el chubasquero	le coupe-vent
la capa	la cape
vestirse (i)	s'habiller
ponerse	mettre
llevar	porter
quitarse	enlever, ôter
desnudarse	se déshabiller
desnudo	nu
cambiarse, mudarse	se changer
probarse	essayer
renovar su vestuario, su guardarropa	renouveler sa garde-robe

POUR ALLER PLUS LOIN

- « Jean » se dit indifféremment ***vaqueros*** (ou ***pantalones vaqueros*** = pantalon de vacher) ou bien ***tejanos*** (de ***tejano***, texan ; ***Tejas*** = le Texas).
Le mot ***chaquetón***, augmentatif de ***chaqueta***, désigne une grande veste, pour homme ou pour femme, un caban, un trois-quarts, etc.
Un vestido sin mangas, escotado, une robe sans manches, décolletée ; ***una camisa de manga larga***, une chemise à manches longues ; ***una camisa de manga corta***, une chemise à manches courtes, une chemisette.
- ***Vestirse***, s'habiller ; intransitivement : ***esta señora siempre viste de negro***, cette dame est toujours habillée en noir ; ***camisas sport y de vestir***, chemises sport et habillées.
- ***Vestir***, transitivement, a souvent le sens de « porter » (un vêtement) : ***viste pantalones de pana***, il porte des pantalons de velours.
- ***¿ Puedo probarme esta falda, esta minifalda ?***, est-ce que je peux essayer cette jupe, cette minijupe ? ; ***¿ dónde está el probador ?***, où est la cabine d'essayage ?

La ropa (2) | *Les vêtements (2)*

la ropa interior	les sous-vêtements, le linge de corps
la lencería	la lingerie
la camiseta	le tee-shirt, le tricot de corps
los calzoncillos	le caleçon
el slip	le slip (pour homme)
las bragas	la culotte, le slip (pour femme)
el sujetador, el sostén	le soutien-gorge
el calcetín, los calcetines	la chaussette, les chaussettes
la media	le bas
el panty	le collant
el zapato (13)	la chaussure, le soulier
un par de zapatos	une paire de chaussures
la alpargata	l'espadrille
la sandalia	la sandale
el mocasín	le mocassin
la bota (14)	la botte
el betún	le cirage
la zapatilla	la pantoufle ; la chaussure de sport
descalzo	pied nu
el pijama	le pyjama
el camisón	la chemise de nuit
la bata	la robe de chambre
usado	usé
ceñido	serré, moulant
amplio, holgado	ample
abrigar	tenir chaud
abrigarse	se couvrir
arreglarse	s'arranger
disfrazarse de…	se déguiser en…
sentar (ie) bien, mal	aller bien, mal (un vêtement, une couleur)

POUR ALLER PLUS LOIN

¡ Ojo ! L'espagnol n'emploie le possessif que s'il est indispensable, le remplaçant par l'article : ***se quitó el abrigo y los zapatos***, il ôta son manteau et ses chaussures.

« Le collant », sous-vêtement féminin, se dit ***panty*** (au pluriel ***pantys***). Le mot ***leotardos*** (de Jules Léotard, acrobate français [1830-1870]) désigne le collant en laine ou le collant de danseuse.

● À propos de **chaussures**. ***Calzado*** est un nom collectif : ***la industria del calzado***, l'industrie de la chaussure. ***Zapatos de señora, de tacón alto***, des chaussures de femme, à talon haut. ***Botas de goma, de montar***, des bottes en caoutchouc, de cavalier ; mais ***botas*** désigne aussi les chaussures montantes : ***botas de esquí***, des chaussures de ski. ***Zapatilla*** signifie « pantoufle », « chausson de danse » ou « chaussure de sport », selon le cas ; ***zapatillas deportivas, de baloncesto, de tenis***, des chaussures de sport, de basket, de tennis. ***Calzo un 37***, je chausse du 37.

La moda, los complementos | La mode, les accessoires

es de moda	c'est à la mode
pasado de moda	démodé
la elegancia	l'élégance
elegante	élégant
un desfile de modelos	un défilé de mannequins
el sombrero	le chapeau
la boina	le béret
la gorra (15)	la casquette
el gorro	le bonnet
la bufanda	le cache-nez, l'écharpe
el guante (16)	le gant
el cinturón (17)	la ceinture
la corbata	la cravate
el pañuelo (18)	le mouchoir, le foulard
la mantilla	la mantille
el abanico	l'éventail
el paraguas (19)	le parapluie
la sombrilla	l'ombrelle
el bolso (20)	le sac (à main)
el monedero	le porte-monnaie
la cartera	le portefeuille
las gafas (21)	les lunettes
las lentes de contacto	les verres de contact, les lentilles
la joya	le bijou
el diamante	le diamant
la perla	la perle
el broche	la broche
el collar (22)	le collier
la gargantilla	le collier, le tour de cou
el pendiente	la boucle d'oreille
la pulsera	le bracelet
la esclava	la gourmette
la sortija	la bague
el anillo	l'anneau, la bague

POUR ALLER PLUS LOIN

- ***Un bolso***, un sac à main, une pochette (en cuir) ; ***una bolsa (de papel, de plástico, de deportes)***, un sac (en papier, en plastique, de sport) ; ***un bolsillo***, une poche. ***Un bolso riñonero*** ou ***una riñonera*** est un sac-ceinture porté sur les reins ***(riñones)*** ou sur le ventre, une « banane ».

  Una pulsera de oro, un bracelet en or ; ***un reloj de pulsera***, une montre-bracelet.

- ***Hacer juego***, être assorti ; ***blusa haciendo juego con la falda***, chemisier assorti à la jupe ; ***cinturón a juego***, ceinture assortie, coordonnée.

- Les gallicismes sont nombreux dans le langage de la mode. En voici quelques-uns : ***el prêt-à-porter*** (avec ou sans tirets), ***un echarpe*** (masculin et sans accent aigu, désignant un châle), ***un chal*** (un châle), ***un foulard*** ou ***fular, una blusa, un deshabillé, el popelín, el piqué, el crep.***

Tejidos y costura | Tissus et couture

el tejido	le tissu
la tela	la toile, le tissu, l'étoffe
el paño	le drap
el algodón	le coton
la lana	la laine
la pana	le velours côtelé
el nailon	le nylon
el acrílico	l'acrylique
la seda	la soie
estampado	imprimé (un tissu)
liso	uni
a rayas	à rayures
a cuadros	à carreaux
el encaje	la dentelle
el cuero	le cuir
la piel	la peau, le cuir
el botón (23)	le bouton
abrochar	agrafcr, boutonncr, attacher
la cremallera (24)	la fermeture Éclair
el sastre	le tailleur
la medida	la mesure
a (la) medida	sur mesure
la talla, la medida	la taille (la mesure)
¿ qué talla usa ?	quelle taille faites-vous ?
el alfiler	l'épingle
la aguja	l'aiguille
el hilo	le fil
coser	coudre
hacer punto	tricoter
los géneros de punto	le tricot, la bonneterie
las tijeras	les ciseaux
tejer	tisser

POUR ALLER PLUS LOIN

Un refrán : ***aunque la mona se vista de seda, mona se queda*** (mot à mot : même si la guenon se vêt de soie, elle reste guenon), le singe est toujours singe et fût-il déguisé en prince.

● « Boutonner » se dit ***abotonar*** ou ***abrochar*** (littéralement « agrafer ») : ***se abrochó la gabardina***, il boutonna sa gabardine.

● ***Un clavel en el ojal***, un œillet à la boutonnière.

¡ Ojo ! ***el sastre***, le tailleur, l'artisan qui confectionne des vêtements ; un « tailleur », vêtement féminin, se dit ***traje de chaqueta*** (parfois ***traje sastre***) ; ***un gran modista***, un grand couturier ; ***un diseñador de modas***, un styliste, un créateur.

● ***Punto*** ayant, entre autres sens, celui de « maille », ***hacer punto*** signifie « tricoter » ; ***hace una bufanda de punto***, elle tricote une écharpe ; ***un gorro de punto***, un bonnet en tricot ; ***géneros de punto***, la bonneterie.

Comer y beber
Manger et boire

La preparación de las comidas | La préparation des repas

la comida	le repas
el hambre	la faim
tengo mucha hambre	j'ai très faim
hambriento	affamé
harto, satisfecho	rassasié
guisar, cocinar	cuisiner
el cazo	la casserole
la cacerola	le faitout
la sartén	la poêle
la olla	la marmite, la cocotte
la olla a presión	la Cocotte-minute, l'autocuiseur
la tapa	le couvercle
tapar	couvrir, boucher
la parrilla	le gril
a la plancha	grillé (sur une plaque)
la fuente	le plat
el molde	le moule
la receta	la recette
preparar	préparer
cortar	couper
pelar	éplucher
picar	hacher
rellenar	farcir
condimentar, sazonar	assaisonner
mezclar	mélanger
cocer (ue)	cuire ; faire cuire
calentar (ie)	chauffer ; faire chauffer
hervir (ie, i)	bouillir ; faire bouillir
freír (i)	frire ; faire frire
frito	frit
asar	rôtir ; faire rôtir
el asado	le rôti
el asador	la broche, la rôtissoire
tostar (ue)	griller ; faire griller

POUR ALLER PLUS LOIN

Un refrán :
A buen hambre no hay pan duro (mot à mot : à bonne faim il n'y a pas de pain dur), il n'est sauce que d'appétit. Attention ! le mot ***hambre*** est féminin ; il est précédé de ***el*** pour éviter l'hiatus.

- Certains verbes espagnols rendent, à eux seuls, la tournure « faire + infinitif » : ***se cuece una col***, faites cuire un chou ; ***se hierve un litro de leche***, faites bouillir un litre de lait ; ***se fríen dos cebollas***, faites frire deux oignons. Remarquez, dans ces extraits de recettes de cuisine, l'emploi de ***se*** = on (on fait cuire…).
- ***Carne picada***, de la viande hachée ; ***aceitunas rellenas***, des olives farcies ; ***un pollo asado***, un poulet rôti.
- L'adjectif ***casero*** (de ***casa***, maison) correspond au français « maison » dans le sens de « fait à la maison » : ***mermelada casera***, confiture maison.

Las comidas, los cubiertos | *Les repas, les couverts*

el desayuno	le petit déjeuner
desayunar(se)	prendre le petit déjeuner
el almuerzo	le déjeuner, le repas de midi
almorzar (ue)	déjeuner
la merienda	le goûter
merendar (ie)	goûter (dans l'après-midi)
la cena	le dîner
cenar	dîner
el bocado	la bouchée
poner la mesa	mettre la table
el mantel	la nappe
el salvamanteles	le dessous-de-plat
la servilleta (1)	la serviette
el plato (2)	l'assiette ; le plat
el tenedor (3)	la fourchette
la cuchara (4)	la cuiller
la cucharilla	la petite cuiller
el cuchillo (5)	le couteau
el vaso (6)	le verre
la copa	la coupe, le verre (à pied)
la taza (7)	la tasse
el platillo	la soucoupe
el tazón (8)	le bol
la bandeja	le plateau
la jarra (9)	le pichet
servir (i)	servir
tomar	prendre

POUR ALLER PLUS LOIN

- ***¡ A comer !*** littéralement « à manger ! » c'est-à-dire « à table ! ». L'espagnol emploie fréquemment l'infinitif dans un sens impératif, et souvent précédé de la préposition ***a*** : ***¡ a trabajar !***, au travail ! ; ***tú, ¡ a callar !***, toi, tais-toi !
- « Bon appétit ! » se dit en espagnol ***¡ que aproveche !*** (***aprovechar*** = profiter) ou ***¡ buen provecho !*** (***provecho*** = profit). Souvent en réponse à la formule ***¿ usted gusta ?*** (vous aimez ?, vous voulez ?) ou ***si usted gusta*** employée, avant de commencer à manger, pour inviter quelqu'un à participer au repas.
- ***Un plato :*** 1) une assiette : ***un plato llano***, une assiette plate ; ***plato hondo***, ***sopero***, assiette creuse, à soupe ; 2) un plat : ***un plato delicioso***, un plat délicieux. ***Una fuente*** est la pièce de vaisselle dans laquelle on sert les aliments : ***una fuente ovalada***, un plat ovale. ***Platillo*** (diminutif en ***-illo*** de ***plato***) signifie « soucoupe » ; ***un platillo volante***, une soucoupe volante. Au restaurant, ***el primer plato*** correspond aux entrées, ***el segundo plato*** au plat principal, et ***plato combinado*** à « plat garni ». Au sens figuré, l'expression ***pagar los platos rotos*** correspond à « payer les pots cassés ».
- ***Un porrón*** est une cruche de verre à long bec servant à boire le vin à la régalade.

Los alimentos (1) | *Les aliments (1)*

el pan (10)	le pain
la rebanada	la tranche (de pain)
el pedazo, el trozo	le morceau
la tostada	la tranche de pain grillé
el pan de molde	le pain de mie
el bollo	le petit pain
la harina	la farine
la leche	le lait
la nata	la crème
la mantequilla	le beurre
el aceite	l'huile
el vinagre	le vinaigre
la sal	le sel
la pimienta	le poivre
el azafrán	le safran
la sopa	la soupe, le potage
los entremeses	les hors-d'œuvre
los productos congelados	les produits surgelés
la carne	la viande
el filete	le filet, le bifteck
el bistec	le bifteck, le steak
la chuleta	la côtelette
la ternera	le veau (viande)
la vaca, el buey, la carne de vacuno	le bœuf (viande)
el cordero	le mouton (viande)
la pierna de cordero	le gigot de mouton
el cerdo	le porc
el pollo (11)	le poulet
el jamón (12) **(serrano)**	le jambon (cru, de pays)
la salchicha (13)	la saucisse
la morcilla	le boudin
el chorizo	le chorizo
los callos	les tripes
los riñones	les rognons
la albóndiga	la boulette (de viande)
el guiso, el guisado	le ragoût
la salsa	la sauce

POUR ALLER PLUS LOIN

- « Une tranche » peut se traduire de plusieurs façons : ***una rebanada*** (de pain en particulier), ***una rodaja*** (qui signifie aussi « rondelle », de saucisson, de citron, d'ananas, etc.), ***una raja*** (de melon, de fromage, etc.), ***una loncha*** ou ***lonja*** (de jambon, etc.).
- « Pâté » se dit en espagnol… ***paté*** ou, autre gallicisme, ***foie-gras*** (parfois orthographié phonétiquement ***fuagrás***), même s'il ne s'agit pas de foie gras proprement dit.
- Nombreux, en effet, sont les gallicismes dans le langage culinaire : ***un biscote*** (un seul ***t*** et masculin), ***confit, consomé*** (un seul ***m***), ***croissant*** (souvent écrit ***cruasán***), ***gratén*** (gratin), ***marrón glacé, ragú, soufflé, volován, un entrecot*** (masculin), ***un fricasé*** (masculin), etc. L'espagnol a aussi adopté les mots ***bouquet*** (d'un vin), ***gourmet*** et même… ***bon vivant***.
- Le mot ***embutido*** (idée d'enfoncer dans un boyau) désigne les charcuteries comme les saucisses, le boudin, ***la sobrasada***, gros saucisson pimenté et mou de Majorque, etc. (voir aussi p. 84).

Los alimentos (2) | *Les aliments (2)*

el pescado	le poisson	**probar (ue)**	goûter (un mets)
los mariscos	les fruits de mer	**el bocadillo**	le sandwich
el huevo (14)	l'œuf	**la hamburguesa**	le hamburger
la tortilla	l'omelette	**el perrito caliente**	le hot-dog
la(s) verdura(s)	les légumes verts	**la conserva** (15)	la conserve
la ensalada	la salade	**una lata de atún**	une boîte de thon
el puré de patatas	la purée de pommes de terre	**crudo**	cru
las patatas fritas	les frites, les chips	**tierno**	tendre
las pastas (alimenticias)	les pâtes (alimentaires)	**duro**	dur
el arroz	le riz	**fresco**	frais
la paella	la paella	**rico**	délicieux, exquis
la fabada	le « cassoulet » asturien	**sabroso**	savoureux
el queso	le fromage	**excelente**	excellent
el yogur	le yaourt	**soso**	fade, insipide
		amargo	amer
		vegetariano	végétarien

POUR ALLER PLUS LOIN

- Les œufs, ***los huevos :***
huevo duro, œuf dur ; ***huevo pasado por agua***, œuf à la coque ; ***huevo al plato, frito***, œuf sur le plat, frit ; ***huevos revueltos***, œufs brouillés. ***Una tortilla a la francesa***, une omelette nature ; ***una tortilla de patatas***, une omelette aux pommes de terre. ***La yema***, le jaune d'œuf (avec lequel on fait certaines pâtisseries appelées ***yemas***).
- ***Deme un bocadillo de jamón, de queso, por favor***, donnez-moi un sandwich au jambon, au fromage, s'il vous plaît. ***Un bocata*** est un mot familier pour ***un bocadillo***. ***Un medianoche*** est un sandwich dans un petit pain rond.
- L'adjectif ***rico***, employé avec le verbe ***estar***, a le sens de « délicieux » : ***esta paella está muy rica***, cette paella est délicieuse. ***Ser rico***, être riche.
- ***Salmón ahumado***, saumon fumé ; ***jamón curado***, jambon sec ; ***queso curado***, fromage affiné.

(voir aussi chapitres 12 et 13 se rapportant aux légumes, poissons, crustacés…)

Los dulces | *Les sucreries*

el azúcar	le sucre
un terrón de azúcar	un morceau de sucre
el postre	le dessert
el pastel	le gâteau
la tarta (16)	la tarte, le gâteau
la galleta	le gâteau sec
las pastas	les petits fours
la crema, la mousse de chocolate	la crème, la mousse au chocolat
el flan	la crème caramel
las natillas	les œufs au lait
un helado de vainilla, de café...	une glace à la vanille, au café...
el polo	l'esquimau
el buñuelo	le beignet
el churro	le beignet (de forme allongé)
la miel	le miel
la mermelada	la confiture, la marmelade
el turrón	le touron, le nougat
el caramelo	le bonbon
chupar	sucer
el bombón	la bouchée au chocolat
la chocolatina (rellena)	la barre chocolatée (fourrée)
las almendras garapiñadas	les pralines
el chicle	le chewing-gum
mascar	mâcher
la golosina	la friandise, la sucrerie
goloso	gourmand
se me hace la boca agua	l'eau m'en vient à la bouche
estoy a régimen, a dieta	je suis au régime
dieta baja en calorías	régime basses calories

POUR ALLER PLUS LOIN

- ***La pasta (para tartas)***, la pâte (à tarte) ; ***las pastas***, les petits fours, les petits gâteaux ; ***las pastas alimenticias***, les pâtes alimentaires. Dans la langue familière, ***la pasta*** signifie... le fric.
- ***Los churros*** sont des beignets en forme de tige cannelée qu'on mange au petit déjeuner ou le soir, généralement avec une tasse de chocolat. ***Una porra*** (au sens propre « une massue ») est un petit ***churro*** droit.
- ***Bombón*** désigne un « bonbon au chocolat » ou un « chocolat », un bonbon se disant ***un caramelo*** : ***caramelos de menta***, des bonbons à la menthe.
- Un biscuit ivre ! Telle est la traduction littérale de ***bizcocho borracho***, sorte de baba où le rhum est remplacé par une liqueur. Quant au ***brazo de gitano*** (bras de gitan), c'est un gâteau roulé.

El dulce de membrillo : voir p. 81.

Bebidas no alcohólicas | *Boissons non alcooliques*

tener sed	avoir soif
el agua (17)	l'eau
el agua mineral sin gas	l'eau minérale non gazeuse, plate
el agua con gas	l'eau gazeuse
el sifón	l'eau de Seltz
la gaseosa	la limonade
la naranjada (18)	l'orangeade
la limonada	la citronnade
la soda	le soda
la Coca Cola	le Coca-Cola, le Coca
el zumo de frutas	le jus de fruits
el refresco	le rafraîchissement
la horchata	l'orgeat
la sangría	la sangria
el batido	le milk-shake
el granizado	le granité (boisson à la glace pilée)
exprimir (un limón, etc.)	presser (un citron, etc.)
el exprimidor	le presse-agrumes
el café	le café
el café solo	le café noir
el café con leche	le café au lait
el cortado	le café crème, le café noisette
la cafetera eléctrica	la cafetière électrique
el chocolate	le chocolat
el té	le thé
llenar	remplir
vaciar	vider
tragar	avaler
el trago	la gorgée

POUR ALLER PLUS LOIN

Un refrán :

nadie diga : de esta agua no beberé, il ne faut pas dire : fontaine, je ne boirai pas de ton eau.

¡ Ojo !

La ***limonada*** désigne la « citronnade » (de ***limón***, citron). « Limonade » se dit ***gaseosa***. Un jus de citron, ***un zumo de limón***.

- Attention au genre des mots : ***una Coca Cola y una soda, por favor***, un Coca-Cola et un soda, s'il vous plaît ; ***una tónica***, un soda, un tonic.
- ***La horchata*** est une boisson rafraîchissante, blanchâtre et un peu sucrée, préparée avec des « amandes de terre » qui sont les tubercules du souchet comestible (***la chufa***).

Beber y fumar | *Boire et fumer*

el vino tinto, blanco	le vin rouge, blanc
el vino rosado	le vin rosé, le rosé
el clarete	le vin rouge clair, le rosé
la denominación de origen	l'appellation contrôlée
el champán	le champagne
el cava	le « champagne » catalan
espumoso	mousseux
la cerveza	la bière
la sidra	le cidre
el licor	la liqueur
el aguardiente	l'eau-de-vie
el coñac	le cognac
el jerez	le xérès, le jerez
el fino	le xérès sec
el cuballbre, el cubata	le rhum-Coca
la botella	la bouteille
el sacacorchos (19)	le tire-bouchon
el abridor (20)	le décapsuleur
brindar por…	boire à la santé de…, porter un toast à…
borracho	ivre
tener resaca *(fam.)*	avoir la gueule de bois
el tabaco	le tabac
el cigarrillo	la cigarette
el cigarro, el puro	le cigare
la pipa	la pipe
el fumador	le fumeur
no fumar, prohibido fumar	défense de fumer
fumar cigarrillo tras cigarillo	fumer cigarette sur cigarette
el encendedor	le briquet
la cerilla	l'allumette
el humo (21)	la fumée
la ceniza	la cendre
el cenicero	le cendrier

POUR ALLER PLUS LOIN

- On donne aujourd'hui le nom de ***cava*** à un vin blanc mousseux (crémant) espagnol élaboré principalement en Catalogne avec du raisin blanc, la dénomination « champagne » étant protégée depuis 1970.
- ***La cerveza*** (la bière) ***dorada, negra***, blonde, brune ; ***de barril***, à la pression. ***Una caña*** correspond, plus ou moins, à un demi (de bière), et ***una clara*** est un mélange de bière et de limonade, un panaché.
- Sur les étiquettes, le mot ***brandy*** désigne un cognac espagnol ; ***sherry*** est le nom anglais du xérès, les Anglais le commercialisant depuis des siècles en Andalousie.
- ***Fumar en exceso es malo para la salud, perjudica la salud***, fumer avec excès est mauvais pour la santé, nuit à la santé (voir p. 99 au sujet des bars et des cafés).

6

La salud

La santé

La salud y la enfermedad | La santé et la maladie

encontrarse (ue), sentirse (ie, i) bien, mal	se sentir bien, mal
sano	sain, bien portant
fuerte	fort
débil	faible
ponerse enfermo, enfermar	tomber malade
el enfermo	le malade
el minusválido	le handicapé
el dolor	la douleur
el dolor de cabeza, de muelas	le mal de tête, aux dents
doloroso	douloureux
sufrir	souffrir
padecer del estómago	souffrir de l'estomac
la fiebre	la fièvre
sudar	suer, transpirer
la herida	la blessure
hacer daño, doler (ue)	faire mal
hinchar	enfler
el catarro	le rhume
el resfriado	le refroidissement, le rhume
coger un catarro	attraper un rhume, s'enrhumer
la gripe	la grippe
la tos	la toux
toser	tousser
estornudar (1)	éternuer
¡ achís !	atchoum !
sonarse (las narices) (2)	se moucher
desmayarse (3)	s'évanouir
el mareo (4)	le mal de mer ; l'étourdissement
marearse	avoir la tête qui tourne
vomitar	vomir
ahogarse	étouffer ; se noyer
la epidemia	l'épidémie
la Seguridad Social	la Sécurité sociale

POUR ALLER PLUS LOIN

Un refrán : ***es el remedio peor que la enfermedad***, le remède est pire que le mal.

- ***¿ Cómo está usted ?*** comment allez-vous ?
– ***No me siento bien, doctor : me parece que tengo fiebre***, je ne me sens pas bien, docteur : il me semble que j'ai de la fièvre.
– ***No tiene nada grave, no se preocupe***, vous n'avez rien de grave, ne vous inquiétez pas.

- ***Doler***. Remarquez la construction : ***me duele el estómago***, j'ai mal à l'estomac ; ***me duelen los riñones***, j'ai mal aux reins ; ***¿ le duele todavía la garganta ?***, vous avez encore mal à la gorge ? ; ***¿ te duele mucho ?***, ça te fait très mal ? ; ***la herida ya no me duele***, la blessure ne me fait plus mal.

- ***Padecer***. ***Padecer del corazón***, souffrir du cœur, avoir une maladie de cœur ; ***padece asma, diabetes…***, il, elle a de l'asthme, du diabète…

¡ Ojo ! ***estar constipado***, être enrhumé (***tener estreñimiento***, être constipé).

Las enfermedades, la medicina | Les maladies, la médecine

el ataque	la crise, l'attaque
el infarto	l'infarctus
la úlcera	l'ulcère
la fractura	la fracture
la depresión nerviosa	la dépression nerveuse
la locura	la folie
loco	fou
el médico (5)	le médecin
el dentista	le dentiste
la enfermera	l'infirmière
reconocer	examiner
el reconocimiento médico	l'examen médical
el chequeo	le bilan de santé
la receta	l'ordonnance
la dosis	la dose
el medicamento, la medicina, el fármaco	le médicament
la pastilla (6)	la pastille, le comprimé
el comprimido, la tableta	le comprimé
el sello	le cachet
la cápsula	la gélule
la píldora (anticonceptiva)	la pilule (contraceptive)
el jarabe	le sirop
los antibióticos	les antibiotiques
la vacuna	le vaccin
poner una inyección	faire une piqûre
el apósito	le pansement
la venda (7)	le bandage
cuidar, asistir (a alguien)	soigner (quelqu'un)
los cuidados intensivos	les soins intensifs
curar	soigner ; guérir
aliviar	soulager
la dieta, el régimen	le régime
el hospital	l'hôpital
la clínica	la clinique
la ambulancia	l'ambulance
el quirófano	le bloc opératoire
la operación	l'opération
operarse de...	se faire opérer de...
la cicatriz (8)	la cicatrice
el injerto	la greffe

POUR ALLER PLUS LOIN

● ***Algunas enfermedades*** (quelques maladies) : ***el asma***, l'asthme ; ***la bronquitis***, la bronchite ; ***el cáncer***, le cancer ; ***el diabetes***, le diabète ; ***las paperas***, les oreillons ; ***el reuma***, ***el reumatismo***, le rhumatisme ; ***el sida***, le sida ; ***la tosferina***, la coqueluche ; ***la viruela***, la variole.

¡ Ojo ! le mot ***anginas*** désigne, dans la langue courante, les amygdales ; ***me he operado de anginas***, je me suis fait opérer des amygdales.

Reconocer au sens propre « reconnaître », signifie également « examiner » (***reconocer a un enfermo***). Le verbe ***visitar*** peut aussi s'employer dans ce sens.

Curar. 1) ***Le curan con antibióticos***, on le soigne aux antibiotiques. 2) ***Más vale prevenir que curar***, mieux vaut prévenir que guérir ; ***si te cuidas, curarás pronto***, si tu te soignes, tu guériras bientôt ; ***estoy curado***, je suis guéri.

El sueño | Le sommeil

dormir (ue, u) (9)	dormir
dormirse, conciliar el sueño	s'endormir
ir a la cama, meterse en la cama	aller se coucher, se mettre au lit
¡ buenas noches !	bonne nuit !
dormido	endormi
el sueño	le sommeil ; le rêve
soñar (ue)	rêver
he soñado con…	j'ai rêvé de…
la pesadilla	le cauchemar
acostarse (ue)	se coucher
echarse, tumbarse	s'allonger, se coucher
despertarse (ie)	se réveiller
despiértame a las siete	réveille-moi à sept heures
madrugar	se lever tôt
bostezar	bâiller
el cansancio	la fatigue
cansar	fatiguer
estar cansado	être fatigué
descansar	se reposer
agotado, rendido	épuisé
estar hecho polvo *(fam.)*	être crevé
echar la siesta, dormir la siesta	faire la sieste
levantarse	se lever
el somnífero	le somnifère
el calmante	le calmant
la canción de cuna, la nana	la berceuse

POUR ALLER PLUS LOIN

- ***El sueño*** : 1) ***tengo sueño***, j'ai sommeil ; ***caerse de sueño***, tomber de sommeil ; 2) ***esta noche he tenido un mal sueño***, cette nuit j'ai fait un mauvais rêve ; au figuré ***mi sueño dorado…***, mon rêve…

Soñar : ***he soñado contigo esta noche***, j'ai rêvé de toi cette nuit ; ***sueña con ser rico***, il rêve d'être riche.

- ***Tengo ganas de dormir***, j'ai envie de dormir ; ***me he acostado tarde***, je me suis couché tard ; ***me he levantado temprano***, je me suis levé tôt ; ***no he pegado ojo en toda la noche, pasé la noche en claro***, je n'ai pas fermé l'œil de la nuit.

Un refrán : ***a quien madruga, Dios le ayuda***, qui se lève matin, Dieu lui prête la main ; aide-toi, le Ciel t'aidera.

Una canción de cuna (une berceuse) :

Duérmete, mi niño,	***lavarte la ropa,***	Endors-toi, mon enfant,	laver ton linge,
que tengo que hacer,	***ponerme a coser.***	J'ai à faire,	me mettre à coudre.

10
11
12
13
CHAMPÚ
Venus
Crema
GEL
KLEOPATRA
14
15
16
17
18
19

El aseo, la higiene | *La toilette, l'hygiène*

limpio	propre
sucio	sale
ensuciarse	se salir
lavarse	se laver
el jabón (10)	le savon
bañarse	se baigner
tomar un baño	prendre un bain
la ducha (11)	la douche
ducharse	se doucher
secarse	s'essuyer
la toalla (12)	la serviette (de toilette)
el albornoz (13)	le peignoir
el peine (14)	le peigne
peinarse	se peigner
el champú	le shampooing
la caspa	les pellicules
el secador	le sèche-cheveux
el cepillo de dientes	la brosse à dents
la pasta dentífrica	la pâte dentifrice
cepillarse los dientes	se brosser les dents
la maquinilla de afeitar (15)	le rasoir
la espuma de afeitar	la mousse à raser
afeitarse	se raser
depilarse	s'épiler
el perfume (16)	le parfum
el agua de Colonia, la colonia	l'eau de Cologne
perfumarse	se parfumer
el desodorante	le déodorant
el spray (17)	la bombe, l'atomiseur
maquillarse	se maquiller
el maquillaje	le maquillage
la barra de labios, el lápiz de labios (18)	le rouge à lèvres
el esmalte de uñas (19)	le vernis à ongles
la sombra de ojos	l'ombre à paupières
la compresa	la compresse ; la serviette hygiénique
tener la regla	avoir ses règles
el botiquín	l'armoire (la trousse) à pharmacie
la bascula de baño	le pèse-personne

POUR ALLER PLUS LOIN

- ***Una esponja***, une éponge ; ***una toalla de rizo***, une serviette en tissu éponge, une serviette-éponge.
- ***El peinado***, la coiffure ; ***un corte (de pelo)***, une coupe (de cheveux) ; ***un corte a navaja***, une coupe au rasoir ; ***cortarse el pelo***, se faire couper les cheveux ; ***lavarse el pelo***, se faire un shampoing ; ***teñirse el pelo***, se (faire) teindre les cheveux ; ***marcar***, faire une mise en plis ; ***poner laca***, mettre de la laque ; ***un flequillo***, une frange ; ***un rizo, un bucle***, une boucle ; ***un moño***, un chignon ; ***una trenza***, une natte ; ***la raya***, la raie.

La casa
La maison

La construcción | La construction

construir	construire
edificar	édifier, bâtir
el arquitecto	l'architecte
el albañil	le maçon
el andamio	l'échafaudage
la piedra	la pierre
el ladrillo (1)	la brique
el adobe	la brique crue
el cemento	le ciment
el hormigón	le béton
la paleta	la truelle
el yeso	le plâtre
la madera	le bois
la tabla (2)	la planche
las herramientas	les outils
usar	utiliser, se servir de
la sierra (3)	la scie
serrar (ie)	scier
el martillo (4)	le marteau
el clavo (5)	le clou
clavar	clouer
el tornillo (6)	la vis
el destornillador (7)	le tournevis
atornillar	visser
la taladradora	la perceuse
los alicates	la pince
la llave inglesa	la clé anglaise
el acero	l'acier
el aluminio	l'aluminium
la chapa ondulada	la tôle ondulée
el tubo	le tube
el vidrio	le verre
el azulejo (8)	le carreau de faïence
derribar	abattre, démolir
la ruina	la ruine

POUR ALLER PLUS LOIN

¡ Ojo !

una tabla, « une planche » (***una tabla de roble***, une planche en chêne) et non « une table » qui se dit ***una mesa***. ***Una plancha*** est un « fer à repasser » et ***una tabla de planchar*** une planche à repasser…

● ***Las reparaciones caseras y el bricolaje***, les réparations chez soi et le bricolage : l'espagnol a adopté le gallicisme ***bricolage***, mais généralement écrit avec un ***j***. Un bricoleur se dit ***un aficionado al bricolaje*** (un amateur de bricolage) ou ***un manitas***. Une bricole (petit travail) se dit ***una chapuza. Hágaselo usted mismo***, faites-le vous-même.

Un refrán

un clavo saca otro clavo, un clou chasse l'autre.

La casa | La maison

los cimientos	les fondations	**la puerta** (11)	la porte
la pared	le mur	**la cerradura** (12)	la serrure
el suelo (9)	le sol, le plancher	**la llave** (13)	la clef
la fachada	la façade	**el timbre**	la sonnette
el tabique	la cloison	**llamar a la puerta**	frapper à la porte
el tejado	le toit	**¡ pase !**	entrez !
la teja	la tuile	**abrir**	ouvrir
la pizarra	l'ardoise	**cerrar (ie)**	fermer
cubrir	couvrir	**el desván**	le grenier
el techo (10)	le plafond	**el sótano**	le sous-sol
la chimenea	la cheminée	**la planta baja**	le rez-de-chaussée
la azotea, la terraza	la terrasse	**el garaje**	le garage
el balcón	le balcon	**el patio**	la cour, le patio
la ventana	la fenêtre	**la cancela**	la grille (porte en fer forgé)
el cristal	le carreau, la vitre		
la reja	la grille (devant une fenêtre)	**la escalerilla** (14)	l'échelle, l'escabeau

POUR ALLER PLUS LOIN

- Deux façons d'exprimer la même idée : ***empezar la casa por el tejado***, (littéralement « commencer la maison par le toit »), mettre la charrue avant les bœufs.
- **Chez** : on emploie le mot ***casa*** précédé de la préposition qui convient. ***Estoy en casa***, je suis chez moi ; ***Lola no está en casa***, Lola n'est pas chez elle ; ***voy a casa de Luis***, je vais chez Louis ; ***iré a tu casa mañana***, j'irai chez toi demain ; mais ***ir al médico, al dentista***, aller chez le médecin, chez le dentiste.

¡ Ojo !

el techo, « le plafond », a parfois le sens de « toit » (***tejado***).

- ***La puerta está abierta, cerrada***, la porte est ouverte, fermée ; ***cierra con llave***, elle ferme à clef ; ***tocar el timbre*** ou ***llamar***, sonner.
- Dans les maisons andalouses, ***la cancela***, en ferronnerie, sépare le vestibule (***el zaguán***) du ***patio*** (prononcez ***tio*** et non ***sio*** à la française). ***Une reja***, plus ou moins ouvragée, sert de protection aux fenêtres.

24
21
22
23
20
25
26
15
16
28
27
17
18
19

La vivienda | *Le logement*

el hogar	le foyer
el chalé, el chalet	la villa, le pavillon
la segunda vivienda	la résidence secondaire
la entrada	l'entrée
el vestíbulo	le vestibule
el zaguán	le vestibule, l'entrée
el pasillo	le couloir
la escalera	l'escalier
el peldaño, el escalón	la marche
la barandilla	la rampe
el ascensor	l'ascenseur
el piso, la planta	l'étage
el piso	l'appartement
el apartamento	le petit appartement
el ático	l'appartement au dernier étage
la habitación	la pièce ; la chambre
el cuarto de estar	la salle de séjour
vivir	vivre, habiter
mudar de casa	déménager
la mudanza	le déménagement
alojarse	loger
el propietario, el dueño	le propriétaire
el inquilino	le locataire
el alquiler	la location
alquilar	louer
el vecino	le voisin ; l'habitant
el portero	le concierge, le gardien

POUR ALLER PLUS LOIN

● ***El problema de la vivienda***, le problème du logement ; ***una vivienda espaciosa***, un logement spacieux ; ***las viviendas de protección oficial*** ou ***de renta limitada*** correspondent à nos HLM. (voir p. 92).

¡ Ojo ! le mot ***chalet*** (ou ***chalé***, selon l'Académie) désigne une villa, un pavillon… sans rapport avec un chalet suisse.

● ***Una escalera de caracol,*** un escalier en colimaçon (de ***caracol,*** escargot) ; ***una escalera de mano,*** une échelle ; ***una escalera de tijera,*** un escabeau.

● Le mot ***piso*** a deux sens, « étage » et « appartement » : ***vivo en el tercer piso***, j'habite au troisième étage ; ***un piso de cuatro habitaciones***, un appartement de quatre pièces, un quatre-pièces ; ***un piso amueblado***, un (appartement) meublé. ***Un apartamento*** est un petit appartement. ***Un estudio*** désigne un studio, en particulier celui d'un artiste, un atelier. ***Se alquila piso***, appartement à louer (littéralement « on loue appartement »).

Habitaciones y muebles | *Pièces et meubles*

el mueble	le meuble
el comedor	la salle à manger
la mesa	la table
el asiento	le siège
la silla (15)	la chaise
el aparador	le buffet
el salón	le salon
el sillón, la butaca	le fauteuil
el sofá	le canapé
la alfombra	le tapis
la moqueta	la moquette
el dormitorio	la chambre
la cama (16)	le lit
el colchón	le matelas
la colcha	le couvre-lit
la manta (17)	la couverture
la sábana (18)	le drap
la almohada (19)	l'oreiller
la mesita de noche	la table de nuit
el despertador	le réveil, le réveille-matin
el armario	l'armoire
la cómoda	la commode
el cajón (20)	le tiroir
la biblioteca	la bibliothèque
el estante	l'étagère (planche)
la estantería	l'étagère (meuble)
el biombo	le paravent
la cortina (21)	le rideau
la percha	le cintre, le portemanteau
colgar (ue)	pendre
el cuarto de baño	la salle de bain
el lavabo	le lavabo
el grifo (22)	le robinet
el espejo	le miroir, la glace
la bañera	la baignoire
la ducha	la douche
el aseo, los servicios, el lavabo	les toilettes
el papel higiénico	le papier hygiénique

POUR ALLER PLUS LOIN

● Le mot ***habitación*** désigne une « pièce », en général, ou « une chambre à coucher », en particulier : ***una habitación de dos camas, con ducha***, une chambre à deux lits, avec douche. ***Un cuarto*** signifie aussi « une pièce » ou « une chambre » et ***un cuarto de dormir*** une chambre à coucher. ***Un dormitorio*** est exclusivement une chambre à coucher.

● À propos de **sièges** : ***las cuatro patas de una silla***, les quatre pieds d'une chaise ; ***el respaldo***, le dossier ; ***una silla de tijera***, une chaise pliante, un pliant ; ***una silla de ruedas***, un fauteuil roulant. ***Una tumbona*** est une chaise longue, un transat.

Un armario, une armoire ; ***un armario de luna***, une armoire à glace ; ***un armario empotrado***, littéralement « une armoire encastrée », c'est-à-dire « un placard ».

Luz y calefacción | *Lumière et chauffage*

la electricidad, la luz	l'électricité
eléctrico	électrique
la corriente	le courant
encender (ie)	allumer
apagar	éteindre
alumbrar	éclairer
la lámpara (23)	la lampe
la lámpara de pie	le lampadaire
el tubo de neón	le tube au néon
la bombilla (24)	l'ampoule
el enchufe (25)	la prise de courant
enchufar	brancher
se fundieron los plomos	les plombs ont sauté
el apagón	la panne d'électricité
la vela	la bougie
el candelero	le chandelier
la calefacción central	le chauffage central
el radiador (26)	le radiateur
la estufa	le poêle
la leña	le bois (de chauffage)
el fuego	le feu
la llama	la flamme
calentar (ie)	chauffer
arder	brûler
cómodo	confortable ; à l'aise
confortable	confortable
el aire acondicionado	l'air conditionné
el acondicionador de aire	le climatiseur
el ventilador	le ventilateur

POUR ALLER PLUS LOIN

● Le mot ***enchufe*** (prise de courant) a, dans la langue familière, le sens très courant de « piston » ; ***ha obtenido este cargo por enchufe***, il, elle a obtenu ce poste par piston ; ***enchufar a alguien***, pistonner quelqu'un.

Estar en (el) candelero, littéralement « être sur le chandelier », a le sens d'« être en vogue, en vue ».

¡ Ojo ! le mot ***la leña*** désigne uniquement le bois de chauffage : ***un fuego de leña***, un feu de bois. Le bois, matière ligneuse, se dit ***la madera*** : ***una mesa de madera***, une table en bois. ***Echar leña al fuego,*** expression figurée (mot à mot : jeter du bois dans le feu), jeter de l'huile sur le feu.

● L'adjectif ***cómodo*** a le sens de « commode », « pratique », « confortable » (***una casa cómoda***, une maison confortable) et, appliqué à une personne, celui de « à l'aise » : ***estar, ponerse cómodo***, être, se mettre à l'aise. L'adjectif ***confortable*** est courant, de même que le gallicisme ***confort***.

La cocina, las tareas domésticas | *La cuisine, les travaux ménagers*

el ama de casa	la maîtresse de maison
la cocina (de gas, eléctrica)	la cuisinière (à gaz, électrique)
el horno (de microondas)	le four (à micro-ondes)
cocinar con microondas	cuisiner au micro-ondes
el frigorífico, la nevera	le réfrigérateur
el congelador	le congélateur
el fregadero	l'évier
fregar (ie)	frotter ; laver (la vaisselle, le sol)
fregar (ie), lavar los platos	faire la vaisselle
el lavavajillas	le lave-vaisselle
lavar	laver
la lavadora	la machine à laver
el detergente	la lessive
un electrodoméstico	un appareil électroménager
la batidora	le mixeur
el tostador de pan	le grille-pain
la plancha	le fer à repasser
planchar	repasser
la limpieza	le nettoyage, la propreté
limpiar	nettoyer
secar	essuyer, sécher
barrer	balayer
la escoba (27)	le balai
el aspirador, la aspiradora	l'aspirateur
el polvo	la poussière
el trapo	le chiffon, le torchon
el papel de cocina	l'essuie-tout
el cubo	le seau
el cubo de la basura (28)	la poubelle
la bolsa de basura	le sac-poubelle
tirar, echar	jeter

POUR ALLER PLUS LOIN

- ***Las tareas domésticas***, mot à mot « les travaux domestiques » ou « ménagers ». On peut dire également ***las tareas caseras*** ou ***los quehaceres domésticos*** (voir p. 112).
- Le verbe ***fregar*** signifie « frotter » et surtout « laver en frottant » : ***fregar los platos***, faire la vaisselle ; ***fregar el suelo***, laver le sol. ***La fregona*** est une sorte de balai, dit « balai à frange » ou « lave-sol », dont les longs fils, mouillés puis essorés, servent à laver le sol.
- ***Un congelador***, un congélateur ; ***los congelados***, les produits congelés ou surgelés. L'espagnol, pour différencier les adjectifs « congelé » et « surgelé », emploie parfois, pour « surgelé », celui d'***ultracongelado***.

5
10
12
1
8

8

El espacio y el movimiento
L'espace et le mouvement

El lugar, la situación | *Le lieu, la situation*

el sitio	l'endroit, la place
la posición	la position
la distancia	la distance
el lado	le côté
derecho	droit
izquierdo	gauche
a la derecha, a la izquierda	à droite, à gauche
el centro	le centre
central	central
el exterior	l'extérieur
el interior	l'intérieur
el fondo	le fond
el borde	le bord
el límite	la limite
el extremo	l'extrémité, le bout
en el extremo de	à l'extrémité de, au bout de
superior	supérieur
inferior	inférieur
próximo	proche
lleno	plein
vacío	vide
estar	être
encontrarse (ue), hallarse	se trouver
situarse	se situer, se placer
quedarse	rester
permanecer	rester, demeurer
dejar	laisser
caber	tenir (dans un certain espace)
sobrar	être de trop

POUR ALLER PLUS LOIN

¡ Ojo ! ***Lugar*** se traduira souvent par « place » (comme ***sitio***) : ***un lugar para cada cosa y cada cosa en su lugar***, une place pour chaque chose et chaque chose à sa place.

- Les deux verbes « être » en espagnol : ***ser*** et ***estar***. Pour exprimer le lieu, une situation dans l'espace, on emploie toujours ***estar*** : ***¿ dónde estás ?***, où es-tu ? ; ***estoy en el salón***, je suis dans le salon ; ***Madrid está en el centro de España***, Madrid est au centre de l'Espagne. On emploie également ***estar*** avec un adjectif, pour exprimer un état passager, une circonstance : ***la botella está llena***, la bouteille est pleine ; ***mi vaso está vacío***, mon verre est vide (voir p. 18, 182 et 185).
- Les démonstratifs : « ce », « cette » se traduisent par ***este, esta*** (désignant ce qui est proche), ***ese, esa*** (plus éloigné), ***aquel, aquella*** (loin). Exemples : ***este libro***, ce livre-ci ; ***ese libro***, ce livre-là ; ***aquella casa***, cette maison (là-bas). ***Ese*** a parfois une valeur un peu péjorative.
- Au figuré : ***los extremos se tocan***, les extrêmes se touchent.

El movimiento, la dirección (1) | Le mouvement, la direction (1)

mover (ue)	remuer, bouger
moverse (ue)	bouger
andar	marcher
ir andando	aller à pied
caminar	marcher, aller
correr (1)	courir
pararse, detenerse (ie)	s'arrêter
adelantar	avancer
dirigirse	se diriger
dar un paso	faire un pas
ir	aller
ir por…	aller chercher…
enviar	envoyer
salir	sortir ; partir
marchar(se), irse	s'en aller, partir
me voy	je m'en vais
alejarse	s'éloigner
largarse, darse el piro *(fam.)*	se tailler, filer
esconderse	se cacher
apartarse	s'écarter
huir	fuir
seguir (i) (2)	suivre, continuer
siga todo recto	continuez tout droit devant vous
venir (ie, i)	venir
acercarse a, aproximarse a	s'approcher de
llegar	arriver
alcanzar	atteindre
acompañar	accompagner
darse prisa	se dépêcher
rápido, veloz	rapide
ágil	agile
lento	lent
torpe	maladroit, gauche
inmóvil	immobile

POUR ALLER PLUS LOIN

Après le verbe ***ir*** (aller), la préposition ***por*** a le sens de « chercher » (***buscar***) : ***voy por mi impermeable***, je vais chercher mon imperméable. Dans la langue parlée on place souvent la préposition ***a*** devant ***por*** : ***¡ ve a por pan !***, va chercher le pain ! On retrouve cet emploi de ***por*** dans le sens de « chercher » après d'autres verbes de mouvement : ***enviar por***, envoyer chercher, ***subir por***, monter chercher, etc.

Andar de prisa, despacio, marcher vite, lentement ; ***andar a gatas*** ou ***a cuatro patas***, marcher à quatre pattes.

Despedirse a la francesa (littéralement « prendre congé », « faire ses adieux à la française »), « filer à l'anglaise ».

Un refrán : ***quien va despacio va lejano*** (mot à mot, « qui va lentement va loin »), qui veut voyager loin ménage sa monture.

El movimiento, la dirección (2) | Le mouvement, la direction (2)

levantarse	se lever
sentarse (ie) (3)	s'asseoir
asomarse	se pencher (à l'extérieur)
inclinarse	se pencher, s'incliner
aparecer	apparaître
desaparecer	disparaître
subir (4)	monter
la subida	la montée
trepar (5)	grimper
bajar (6)	descendre, baisser
la bajada	la descente
saltar (7)	sauter
dar un salto	faire un bond
salvar	franchir
cruzar, atravesar (ie)	traverser
tropezar (ie) (8)	trébucher
resbalar (9)	glisser
caer (10)	tomber
la caída	la chute
arrastrarse por el suelo	se traîner par terre
tumbarse, echarse	s'allonger, s'étendre
tirarse (al vacío)	se jeter (dans le vide)
retroceder	reculer
regresar	revenir, rentrer
el regreso	le retour
volver (ue)	tourner, retourner, revenir
la vuelta	le tour ; le retour
dar la vuelta (al mundo)	faire le tour (du monde)
dar una vuelta	faire un tour (une promenade)
dar media vuelta	faire demi-tour
estar de vuelta	être de retour
girar	tourner

POUR ALLER PLUS LOIN

- L'espagnol emploie souvent la forme pronominale avec des verbes de mouvement (***subirse, bajarse, caerse***, etc.) pour renforcer l'idée d'action ou d'effort : ***se subió al árbol***, il, elle grimpa à l'arbre ; ***bajarse del autobús***, descendre de l'autobus ; ***me bajo en la próxima***, je descends à la prochaine ; ***se cayó cuan largo era***, il tomba de tout son long.
- Le mot ***vuelta*** a les sens de « tour » (notez l'emploi de ***a*** dans ***la vuelta ciclista a Francia***, le tour de France cycliste) et de « retour » : ***a vuelta de correo***, par retour du courrier ; ***la vuelta al colegio***, la rentrée des classes, littéralement « le retour au lycée ».

La acción, los ademanes | *L'action, les gestes*

hacer	faire
tomar, coger	prendre
sujetar	tenir, fixer
agarrar	saisir, attraper
poner	mettre, poser
colocar	placer
ordenar	ranger
guardar	garder ; ranger
meter	mettre, introduire
introducir	introduire
apoyar	appuyer
agitar	agiter
sacudir	secouer
la sacudida	la secousse
golpear	frapper
el golpe	le coup
la patada (11)	le coup de pied
el puñetazo (12)	le coup de poing
lanzar	lancer
tirar	jeter
tirar de	tirer (exercer une traction)

empujar	pousser
sacar	sortir, tirer
quitar	ôter, enlever
apretar (ie), estrechar	serrer
doblar	plier
torcer (ue)	tordre
romper	casser ; déchirer
rodear	entourer
atar	attacher
soltar (ue)	lâcher
rozar	frôler
el roce	le frôlement
pisar	fouler, marcher sur
la pisada	le pas, la trace de pas
traer (13)	apporter, amener ; rapporter
atraer	attirer
llevar	porter ; emporter ; emmener

POUR ALLER PLUS LOIN

¡ Ojo ! Le mot ***gesto*** est un faux ami signifiant « expression du visage », « mine », « grimace » (***hacer gestos***, faire des grimaces ; ***torcer el gesto***, faire la grimace), mais son emploi dans le sens de « geste » (mouvement du corps ou action généreuse) est aujourd'hui très courant. Même observation pour le verbe ***gesticular*** (grimacer et gesticuler).

- Trois participes passés irréguliers : ***hacer – hecho*** (***bien hecho***, bien fait), ***poner – puesto*** et ***romper – roto*** (***una botella rota***, une bouteille cassée ; ***un vestido roto***, une robe déchirée).
- ***La patada***, ***el puñetazo*** : voir remarque sur les suffixes ***-ada***, ***-azo***, p. 23.
- ***Pisar una alfombra***, marcher sur un tapis ; ***pisar un pedal***, appuyer sur une pédale ; ***perdona, te he pisado***, excuse-moi, je t'ai marché sur le pied. Au figuré, ***nunca pisaba la iglesia***, il ne mettait jamais les pieds à l'église.

Adverbios y preposiciones | *Adverbes et prépositions*

donde	où
aquí	ici
ahí, allí, allá	là, là-bas
cerca	près
lejos	loin
arriba	en haut
abajo	en bas
debajo	dessous
encima	au-dessus
enfrente	en face
adelante	en avant
delante (de)	devant
detrás (de)	derrière
a la derecha	à droite
a la izquierda	à gauche
dentro	dedans, à l'intérieur
fuera	dehors
alrededor	autour
al revés	à l'envers
de pie, en pie	debout
en (por) todas partes	partout
en ninguna parte, en ningún sitio	nulle part
en cualquier sitio, dondequiera	n'importe où
a, al	à, au
sobre	sur
en	en ; sur ; dans
entre	entre ; parmi
contra	contre
desde	depuis
hacia	vers
hasta	jusqu'à
junto a	près de, contre
en medio de	au milieu de
al lado de	à côté de
a lo largo de	le long de
debajo de, bajo	sous

POUR ALLER PLUS LOIN

- « Où » : ***donde*** (sans mouvement) ; ***adonde*** (avec mouvement) ; ***dónde, adónde*** (interrogatifs, portant un accent écrit) : ***¿ dónde estás ?*** où es-tu ? ; ***¿ adónde vas ?*** où vas-tu ?
- L'emploi des adverbes de lieu espagnols est lié (comme pour les démonstratifs) à la distinction qui est faite entre ce qui est proche (***aquí***), moyennement éloigné (***ahí***) et éloigné (***allí*** et ***allá***, ce dernier plus imprécis). ***Acá*** (fréquent en Amérique latine) est synonyme de ***aquí*** (mais un peu moins précis) : ***ven aquí, ven acá***, viens ici. ***Aquí estoy***, me voici ; ***aquí tiene (usted) mi pasaporte***, voici mon passeport ; ***ahí viene mi hermana***, voilà ma sœur qui arrive.
- ***A*** indique toujours le mouvement. La préposition française peut varier : ***me gustaría ir a China***, j'aimerais aller en Chine ; ***subí a mi cuarto***, je montai dans ma chambre ; ***bajaron al andén***, ils descendirent sur le quai, etc.

9

El tiempo

Le temps

El tiempo y sus divisiones (1) | Le temps et ses divisions (1)

el instante	l'instant
el momento, el rato	le moment
el período	la période
la época	l'époque
la estación	la saison
las cuatro estaciones	les quatre saisons
la primavera	le printemps
el verano	l'été
el otoño	l'automne
el invierno	l'hiver
la temporada	la saison (théâtrale, etc.), l'époque
la era	l'ère
el siglo	le siècle
el tercer milenio	le troisième millénaire
el calendario (1)	le calendrier
el año	l'année
el trimestre	le trimestre
el mes	le mois
los meses del año	les mois de l'année
enero	janvier
febrero	février
marzo	mars
abril	avril
mayo	mai
junio	juin
julio	juillet
agosto	août
se(p)tiembre	septembre
octubre	octobre
noviembre	novembre
diciembre	décembre
la fecha (2)	la date

POUR ALLER PLUS LOIN

● **La date** (*la fecha*). L'espagnol emploie la préposition ***de*** devant le mois et l'année : ***el 12 de octubre de 2002***, le 12 octobre 2002 ; ***el Primero de Mayo***, le Premier Mai.
– ***¿ A cuántos estamos ?*** le combien sommes-nous ?
– ***Estamos a 6 de abril de 2002***, nous sommes le 6 avril 2002.
… su carta de fecha 5 de febrero de 2002, … votre lettre du 5 février 2002.
… su carta del pasado día 12 de junio, … votre lettre du 12 juin dernier.

● **Le siècle** (*el siglo*). Remarquez l'emploi du nombre cardinal et la construction : ***el siglo XVII***, le XVIIe siècle ; ***el siglo veinte***, le vingtième siècle ; ***el siglo veintiuno***, le vingt et unième siècle.

● **L'année** (*el año*) : ***¡ feliz año nuevo !***, bonne année ! ; ***el día de año nuevo***, le jour de l'an ; ***el año pasado, que viene***, l'année dernière, prochaine (voir chapitre 18).

El tiempo y sus divisiones (2) | Le temps et ses divisions (2)

la semana	la semaine
el fin de semana	le week-end
el día	le jour, la journée
un día festivo	un jour férié
lunes	lundi
martes	mardi
miércoles	mercredi
jueves	jeudi
viernes	vendredi
sábado	samedi
domingo	dimanche
la víspera	la veille
el día siguiente	le lendemain
el alba	l'aube
el amanecer	le lever du jour
la madrugada	le petit jour, l'aube
la mañana	le matin
mediodía	midi
la tarde	l'après-midi, le soir
el atardecer	le soir, la tombée du jour
el anochecer	la tombée de la nuit
la noche (3)	la nuit
medianoche	minuit
la hora	l'heure
el minuto	la minute
el segundo	la seconde
el reloj	l'horloge, la pendule, la montre
tengo mucha prisa	je suis très pressé
tengo prisa por llegar	j'ai hâte d'arriver
corre prisa	c'est pressé, c'est urgent
no tengo tiempo	je n'ai pas le temps
ya era hora de que…	il était temps que…

POUR ALLER PLUS LOIN

● Une « journée » se traduit par ***una jornada*** dans le sens de « journée de travail » (voir p. 113) ou de « jour marqué par un événement » : ***jornada de huelga***, ***de duelo nacional***, journée de grève, de deuil national.

● « Il y a… », « depuis »… . Pour exprimer une durée on emploie ***hace*** (3e personne du singulier du verbe ***hacer***, faire). ***Elena llegó hace dos semanas***, Hélène est arrivée il y a deux semaines ; ***hace mucho tiempo***, il y a longtemps ; ***hacía***, il y avait, etc. Notez aussi : ***llevo una hora andando***, il y a, ça fait une heure que je marche, je marche depuis une heure. « Depuis », exprimant la durée, se traduit par ***desde hace*** : ***desde hace diez años***, depuis dix ans.

● **L'heure** (***la hora***). Il faut toujours faire précéder le chiffre de l'heure de l'article défini : ***es la una***, il est une heure ; ***son las tres***, il est trois heures ; ***a eso de las seis, sobre las seis***, vers six heures ; ***las diez en punto***, dix heures pile ; ***son las cuatro y media, y cuarto, menos cuarto***, il est quatre heures et demi, et quart, moins le quart.

● Remarquez le pluriel : ***Cerrado los domingos, los lunes***, Fermé le dimanche, le lundi et ***a estas horas***, à l'heure qu'il est.

El tiempo y sus divisiones (3) | Le temps et ses divisions (3)

el principio	le commencement, le début
el origen	l'origine
el fin, el final	la fin
el plazo	le délai
una vez, dos veces	une fois, deux fois
el turno	le tour
el pasado	le passé
en mis tiempos	de mon temps
el presente	le présent
el futuro	le futur
el porvenir	l'avenir
actual	actuel
reciente	récent
inmediato	immédiat
el siglo, el mes pasado	le siècle, le mois dernier
próximo	prochain
siguiente	suivant
permanente	permanent
pasajero	passager
frecuente	fréquent
eterno	éternel
antiguo	ancien, antique
nuevo	nouveau
último	dernier
viejo	vieux
moderno	moderne
comenzar (ie), empezar (ie)	commencer
continuar, seguir (i)	continuer
acabar, terminar	finir
durar	durer
pasar	passer
tardar	tarder, mettre (un certain temps)
he tardado una semana en…	j'ai mis une semaine à…
llegar tarde	être en retard
con dos horas de antelación	avec deux heures d'avance

POUR ALLER PLUS LOIN

- ***El mes próximo*** ou ***el mes que viene***, le mois prochain ; ***la semana próxima*** ou ***la semana que viene***, la semaine prochaine ; ***el próximo 6 de enero***, le 6 janvier prochain ; ***el mes pasado***, le mois dernier ; ***llegó aquí por Navidad***, il est arrivé ici vers Noël ; ***faltan dos semanas para Navidad***, il reste deux semaines avant Noël.
- Le verbe ***seguir*** (suivre) exprime aussi l'idée de continuité, notamment avec un gérondif : ***siguió leyendo***, il, elle continua de lire ; ***seguía con los ojos cerrados***, il, elle restait les yeux fermés ; ***sigue enfermo***, il est toujours (encore) malade.
- ***Érase una vez…***, il était une fois…

Un refrán :

una vez al año no hace daño (mot à mot : une fois par an, ça ne fait pas de mal), une fois n'est pas coutume.

Adverbios y preposiciones | *Adverbes et prépositions*

ahora	maintenant
hoy	aujourd'hui
hoy día	de nos jours
anteayer	avant-hier
ayer	hier
mañana	demain
mañana por la mañana	demain matin
mañana por la tarde	demain après-midi, demain soir
pasado mañana	après-demain
anoche	hier soir
temprano	tôt
tarde	tard
siempre	toujours
nunca	jamais
a menudo	souvent
a veces	parfois
de vez en cuando	de temps en temps
cada vez más, cada vez menos	de plus en plus, de moins en moins
otra vez, de nuevo	encore, de nouveau
antes	avant
después	après
durante	pendant
desde	depuis
hasta	jusqu'à
luego	ensuite, puis
aún, todavía	encore
entonces	alors
ya	déjà ; maintenant ; plus tard
de momento	pour l'instant
mientras tanto	pendant ce temps
mientras que	pendant que
recientemente	récemment
pronto	bientôt, vite ; tôt
de repente	soudain, tout à coup
deprisa, de prisa	vite
a toda mecha *(fam.)*	à fond de train
despacio	lentement
en seguida	tout de suite
dentro de un mes, una semana	dans un mois, une semaine
de antemano	d'avance, par avance

POUR ALLER PLUS LOIN

Un refrán : ***más vale tarde que nunca***, mieux vaut tard que jamais.

- ***Es el cuento de nunca acabar*** se dit d'une histoire, d'une affaire qui n'en finit jamais, qui n'a pas de fin.
- L'adverbe ***ya***, très usuel, se traduit, selon les cas, par « déjà », « maintenant », « bientôt », « plus tard » (***ya hablaremos de eso***, nous parlerons de ça plus tard), « tout de suite » (***ya voy***, j'arrive tout de suite). ***Ya*** sert aussi souvent à renforcer une affirmation : ***ya comprendo***, je comprends (bien) ; ***¡ ya ves !*** tu vois (bien) ! ; ***¡ ya lo creo !*** je pense bien ! ; il peut également exprimer l'assentiment avec le sens de « oui », « bien sûr », « naturellement ».

La naturaleza

La nature

... « OLA DE CALOR EN MADRID : 42 GRADOS A LA SOMBRA... »
1
2
3
4
5
7
8
10
16
17

El cielo y la tierra | *Le ciel et la terre*

el mundo	le monde
el espacio	l'espace
el cosmos	le cosmos
el universo	l'univers
el astro	l'astre
el planeta	la planète
la estrella	l'étoile
el sol (1)	le soleil
la salida del sol	le lever du soleil
la puesta del sol	le coucher du soleil
la luna	la lune
el eclipse	l'éclipse
el cometa	la comète
la sombra (2)	l'ombre
el horizonte	l'horizon
el norte	le nord
el sur	le sud
el este	l'est
el oeste	l'ouest
el levante	le levant
el poniente	le couchant
el oriente	l'orient
el occidente	l'occident
el polo	le pôle
el ártico	l'arctique
el antártico	l'antarctique
el ecuador	l'équateur
ecuatorial	équatorial
el trópico de Cáncer, de Capricornio	le tropique du Cancer, du Capricorne
tropical	tropical

POUR ALLER PLUS LOIN

- **Le soleil**, ***el sol*** : en espagnol, le soleil ne se lève pas, il « sort » (du verbe ***salir***) et il ne se couche pas, il « se pose » (du verbe ***ponerse***) ; ***el sol sale al este y se pone al oeste***, le soleil se lève à l'est et se couche à l'ouest ; ***un rayo de sol***, un rayon de soleil ; ***en agosto el sol pica mucho***, en août le soleil tape dur (du verbe ***picar***, littéralement « piquer »).

- **La lune**, ***la luna*** : ***luna llena***, pleine lune ; ***luna nueva***, nouvelle lune et… ***luna de miel***, lune de miel. Au figuré, ***pedir la luna***, demander la lune.

¡ Ojo ! ***ver las estrellas***, en voir trente-six chandelles ; ***el cometa***, la comète ; ***la cometa***, le cerf-volant.
Al norte de, al sur de, etc., au nord de, au sud de, etc. ; ***en el horizonte***, à l'horizon.

El horóscopo y los signos del zodíaco. Les signes du zodiaque en espagnol sont : ***Aries, Tauro, Géminis, Cáncer, Leo, Virgo, Libra, Escorpión, Sagitario, Capricornio, Acuario*** et ***Piscis***.

La geografía | La géographie

la geología	la géologie
el relieve	le relief
el terreno	le terrain
el paisaje	le paysage
la llanura	la plaine
la meseta	le plateau
la sierra (3)	la chaîne de montagnes
la cordillera	la cordillère
la montaña (4)	la montagne
montañoso	montagneux
el monte	le mont ; le bois
el pico	le pic
la cumbre (5)	le sommet
el volcán (6)	le volcan
el terremoto	le tremblement de terre
el alud, la avalancha	l'avalanche
la colina (7)	la colline
la ladera, la vertiente	le versant, le flanc
la pendiente	la pente
la cuesta	la côte, la montée
el puerto	le col
el valle	la vallée
el desierto	le désert
el altiplano	le haut-plateau (dans les Andes)
el glaciar	le glacier
el bosque (8)	le bois, la forêt
la selva	la forêt
tupido	touffu

POUR ALLER PLUS LOIN

¡ Ojo ! ***un puerto*** signifie un port (de mer, etc.) ou un col (en montagne, et pas seulement dans les Pyrénées).

- ***Monte*** signifie « mont » (***el Monte de los Olivos***, le Mont des Oliviers) et aussi « bois, futaie » (***monte alto***) ou « broussailles, buissons » (***monte bajo***) ; ***echarse al monte***, prendre le maquis.
- Le mot « forêt » se traduit par ***bosque*** (***el bosque de Fontainebleau***, la forêt de Fontainebleau) ou par ***selva*** s'il s'agit d'une forêt dense et sauvage : ***la selva amazónica***, la forêt amazonienne ; ***la selva virgen***, la forêt vierge. ***La ley de la selva***, la loi de la jungle.
- ***El altiplano*** correspond à la région des hauts plateaux andins, en Bolivie notamment. ***La puna*** (mot quechua) est un terme géographique qui désigne ces mêmes plateaux secs et froids.
- ***Un temblor*** désigne en Amérique un tremblement de terre léger, une secousse tellurique (fréquent dans les Andes).

Los minerales, los metales | *Les minéraux, les métaux*

la piedra	la pierre
la arena	le sable
la roca	la roche, le rocher
rocoso	rocheux
la peña, el peñasco (9)	le rocher
la cueva (10)	la grotte, la caverne
la mina	la mine
el minero	le mineur
el carbón	le charbon
el alabastro	l'albâtre
el mármol	le marbre
explotar	exploiter
excavar	creuser
extraer	extraire
el metal	le métal
metálico	métallique
el hierro	le fer
el cobre	le cuivre
el oro	l'or
la plata	l'argent
el cinc, el zinc	le zinc
el plomo	le plomb
el estaño	l'étain
el uranio	l'uranium
el petróleo	le pétrole
el gas natural	le gaz naturel

POUR ALLER PLUS LOIN

- ***« El Peñón »*** (augmentatif du mot ***peña***, rocher) désigne Gibraltar, le territoire étant dominé par un haut rocher.
- Attention à la préposition ***de*** : ***una escalera de mármol***, un escalier en marbre ; ***una sortija de oro***, une bague en or ; ***una cuchara de plata***, une cuiller en argent.
- ***El hierro*** : ***el hierro forjado***, le fer forgé ; ***el hierro colado***, la fonte.
- En Amérique latine, le mot ***la plata*** (l'argent) ne désigne pas seulement le métal mais aussi la monnaie.

El petróleo : un yacimiento petrolífero, un gisement pétrolifère ; ***el crudo***, le (pétrole) brut ; ***la torre de perforación***, le derrick ; ***el pozo***, le puits ; ***el oleoducto***, l'oléoduc ; ***la refinería***, la raffinerie ; ***el petrolero***, le pétrolier, le tanker.

Un refrán : ***No es oro todo lo que reluce***, tout ce qui brille n'est pas or.

El agua, el mar | L'eau, la mer

el agua dulce, salada	l'eau douce, salée
líquido	liquide
el océano (11)	l'océan
la ola (12)	la vague
la marea (alta, baja)	la marée (haute, basse)
la isla	l'île
el litoral	le littoral
la costa	la côte
el acantilado	la falaise
la duna	la dune
la playa (13)	la plage
la orilla (14)	le bord, la rive
a orillas, al borde del mar	au bord de la mer
el estrecho	le détroit
la bahía	la baie
el golfo	le golfe
el cabo (15)	le cap
la península	la péninsule
el puerto	le port
el río	le fleuve, la rivière
el arroyo (16)	le ruisseau
el torrente	le torrent
la catarata	la cataracte
la fuente, el manantial	la source
la corriente	le courant
el lago	le lac
el pantano	le marais
pantanoso	marécageux
el barro, el lodo	la boue
la inundación	l'inondation
el canal	le canal
el puente	le pont
la presa	le barrage

POUR ALLER PLUS LOIN

- ***El mar***, la mer : le mot ***mar*** est ordinairement masculin, mais il est féminin dans la langue poétique, dans le langage des marins et dans quelques expressions, dont l'expression familière très courante : ***la mar de***, beaucoup, très, etc. (***la mar de bien***, très, drôlement, vachement bien).
- Les noms de mers (sous-entendu ***el mar***), de fleuves (sous-entendu ***el río***) et de montagnes (sous-entendu ***el monte***) sont aussi masculins : ***el Mediterráneo***, la Méditerranée ; ***el Garona***, la Garonne ; ***los Alpes***, les Alpes ; ***los Andes***, les Andes.
- **La côte** : ne pas confondre ***la cuesta*** (pente) et ***la costa*** (littoral) : ***la Costa Azul***, la Côte d'Azur. En Espagne, on distingue sur la Méditerranée, du nord au sud, ***la Costa Brava*** (sauvage), ***la Costa Dorada*** (dorée), ***la Costa del Azahar*** (de la fleur d'oranger), ***la Costa Blanca*** (blanche), ***la Costa del Sol*** (du soleil). ***La Costa de la luz*** (de la lumière) donne sur le golfe de Cadix, et ***la Costa Verde*** (verte) correspond au littoral atlantique du nord-ouest.

El clima y el tiempo (1) | *Le climat et le temps (1)*

la atmósfera	l'atmosphère
el aire	l'air
la temperatura	la température
el termómetro (17)	le thermomètre
el barómetro	le baromètre
el parte meteorológico	le bulletin météorologique
hace buen, mal tiempo	il fait beau, mauvais (temps)
el calor	la chaleur
la ola de calor	la vague de chaleur
hace calor	il fait chaud
soleado	ensoleillé
el bochorno	la chaleur étouffante
la sequía	la sécheresse
seco	sec
caliente	chaud
sofocante	suffocant
templado	tempéré
tibio	tiède
suave	doux
el frío	le froid
hace frío	il fait froid
la nieve	la neige
nevar (ie)	neiger
la nevada	la chute de neige
las heladas	les gelées
el hielo	la glace ; le verglas
helar (ie)	geler
la escarcha	le givre, la gelée blanche

POUR ALLER PLUS LOIN

- « Il fait » = ***hace*** (dans des locutions se rapportant au temps) : ***¿ qué tiempo hace ?***, quel temps fait-il ? ; ***hace mucho calor, mucho frío,*** il fait très chaud, très froid ; ***hace sol***, il fait du soleil ; ***hace bochorno***, il fait une chaleur étouffante, il fait lourd ; ***hace treinta grados a la sombra***, il fait trente degrés à l'ombre ; ***hace un frío que pela***, il fait un froid de canard ; ***hace viento***, il fait, il y a du vent.
- **Quelques extraits de bulletins météorologiques** :
tiempo seco y soleado, temps sec et ensoleillé ; ***cielo despejado en el Norte***, ciel dégagé dans le Nord ; ***las temperaturas serán suaves***, les températures seront douces ; ***temperaturas máximas de 25 grados***, températures maximales de 25 degrés ; ***ligero descenso de las temperaturas***, légère baisse des températures ; ***habrá nevadas en el Pirineo***, il neigera sur les Pyrénées.

El clima y el tiempo (2) | *Le climat et le temps (2)*

la nube (18)	le nuage
nuboso, nublado	nuageux
la lluvia	la pluie
llover (ue)	pleuvoir
llueve a cántaros	il pleut à verse
lluvioso	pluvieux
la gota	la goutte
la llovizna	la pluie fine, la bruine
el chubasco, el aguacero	l'averse
húmedo	humide
mojar	mouiller
la niebla	le brouillard
la neblina	la brume
el vapor	la vapeur
el granizo	la grêle
el viento	le vent
una racha, una ráfaga de viento	une rafale
la brisa	la brise
soplar	souffler
la tormenta	l'orage, la tempête
la tempestad, el temporal	la tempête
el trueno	le tonnerre
el relámpago	l'éclair
el rayo	la foudre
el arco iris	l'arc-en-ciel
el ciclón	le cyclone
el huracán	l'ouragan
el ojo del huracán	l'œil du cyclone

POUR ALLER PLUS LOIN

- **Autres extraits de bulletins météorologiques** :
cielo muy nuboso con lluvias por la mañana, ciel très nuageux avec pluies le matin ; ***por la tarde habrá tormentas***, l'après-midi il y aura des orages ; ***un fuerte temporal en el mar cantábrico***, une forte tempête sur la mer Cantabrique ; ***vientos flojos*** (ou ***débiles) o moderados***, vents faibles ou modérés ; ***vientos racheados***, vents soufflant en rafales.

- ***« El arco iris es la cinta que se pone la Naturaleza después de haberse lavado la cabeza »*** (Ramón Gómez de la Serna), l'arc-en-ciel est le ruban que met la Nature après s'être lavé la tête.

Un refrán :
quien siembra vientos recoge tempestades, qui sème le vent récolte la tempête.

2
4
1
3

Plantas
Plantes

Árboles y otras plantas | Arbres et autres plantes

el árbol	l'arbre
los (árboles) frutales	les arbres fruitiers
el tronco (1)	le tronc
la rama (2)	la branche
la raíz, las raíces (3)	la racine, les racines
la copa	la cime (d'un arbre)
la corteza	l'écorce
la hoja (4)	la feuille
el álamo	le peuplier blanc
el chopo	le peuplier d'Italie
la encina	le chêne vert, l'yeuse
el roble	le chêne (rouvre)
el alcornoque	le chêne-liège
el olmo	l'orme
el haya	le hêtre
el abeto (5)	le sapin
el pino	le pin
la piña	la pomme de pin
el ciprés	le cyprès
el plátano	le platane ; le bananier
el abedul (6)	le bouleau
el sauce llorón	le saule pleureur
el eucalipto	l'eucalyptus
la palmera	le palmier
la palma	la palme
el manzano	le pommier
el peral	le poirier
el ciruelo	le prunier
el olivo	l'olivier
el almendro	l'amandier
el naranjo	l'oranger
el limonero (7)	le citronnier
la higuera	le figuier
la vid	la vigne (plante)
la zarza	la ronce
la seta	le champignon
la trufa	la truffe

POUR ALLER PLUS LOIN

- Les suffixes ***-ar, -al, -edo, -eda*** servent à former des mots désignant un lieu planté : ***un encinar***, un bois de chênes verts ; ***un pinar***, un bois de pins, une pinède ; ***un olivar***, une oliveraie ; ***un robledal***, une chênaie ; ***una alameda***, une allée de peupliers ou, par extension, d'arbres quelconques.
- « Un champignon » se traduit par ***una seta*** (***comestible, venenosa***) ; ***un hongo*** (terme botanique pour désigner tout végétal sans chlorophyle) ; ***un champiñón*** (gallicisme s'appliquant uniquement au champignon de couche, ou « de Paris »). Au figuré, ***crecer como setas***, pousser comme des champignons. ***Un boleto***, un cèpe.

Plantas y flores | *Plantes et fleurs*

la semilla	la semence, la graine
el tallo (8)	la tige
el pétalo (9)	le pétale
la flor	la fleur
el ramo, el ramillete	le bouquet
el tiesto, la maceta	le pot (à fleurs)
la rosa (10)	la rose
el rosal (11)	le rosier
el clavel (12)	l'œillet
el geranio (13)	le géranium
la margarita (14)	la marguerite
el alhelí	la giroflée
la azucena (15)	le lis
el lirio	l'iris
la adelfa	le laurier-rose
la dalia	le dahlia
el jacinto	la jacinthe
el jazmín	le jasmin
el pensamiento	la pensée
la peonía	la pivoine
el tulipán	la tulipe
el nenúfar	le nénuphar
el girasol	le tournesol
la pita	l'agave
la chumbera	le figuier de Barbarie
la caña	le roseau
la caña de azúcar	la canne à sucre
la hierbabuena	la menthe
el tomillo	le thym
la madreselva	le chèvrefeuille
la hierba (16)	l'herbe
el césped	le gazon, la pelouse
el musgo (17)	la mousse
el helecho	la fougère
crecer	pousser
florecer	fleurir
florido	fleuri
marchitarse	se faner, se flétrir
secarse	sécher
cortar	couper
podar	tailler
la podadera	le sécateur

POUR ALLER PLUS LOIN

Un refrán : ***no hay rosa sin espinas***, il n'y a pas de roses sans épines.

- L'adjectif ***silvestre*** qualifie les végétaux non cultivés et (plus rarement) les animaux sauvages : ***una orquídea silvestre***, une orchidée sauvage ; ***un rosal silvestre***, un rosier sauvage ; ***fresas silvestres***, des fraises des bois, des fraises sauvages ; ***flores silvestres***, des fleurs des champs.
- Le mot ***jardín*** désigne un jardin d'agrément ; ***un jardín botánico***, un jardin botanique.

12

Hortalizas y frutas
Légumes et fruits

15
14
3
12
7
13
10
6
5
4
22
2
11
20
16
17
1
18

Las hortalizas | *Les légumes*

las hortalizas, las verduras	les légumes
las legumbres (secas)	les légumes secs
la patata (1)	la pomme de terre
la zanahoria (2)	la carotte
el nabo	le navet
el rábano	le radis
la col (3)	le chou
la coliflor (4)	le chou-fleur
la lechuga (5)	la laitue
la espinaca	l'épinard
el tomate (6)	la tomate
el apio	le céleri
el puerro (7)	le poireau
el guisante (8)	le petit pois
la judía (9)	le haricot
el garbanzo	le pois chiche
el haba	la fève
la lenteja	la lentille
el arroz	le riz
el melón (10)	le melon
la sandía	la pastèque
el pimiento (11)	le poivron
el calabacín	la courgette
la berenjena (12)	l'aubergine
el pepino (13)	le concombre
la alcachofa	l'artichaut
el espárrago	l'asperge
el ajo (14)	l'ail
la cebolla (15)	l'oignon

POUR ALLER PLUS LOIN

- Le mot ***hortaliza*** désigne toute plante potagère pouvant être cultivée dans une ***huerta*** (plaine irriguée ou grand jardin potager) ou dans un ***huerto*** (à la fois petit jardin potager et verger) ; ***hortalizas frescas***, des légumes frais. Le mot ***verdura*** s'applique plus particulièrement aux légumes à feuilles vertes tels que salades, choux, etc. Quant au mot ***legumbre***, il désigne essentiellement les légumes secs. ***Hortaliza, verdura et legumbre*** sont féminins.
- « Pomme de terre » se dit ***patata*** et, en Amérique, ***papa*** (mot quechua signifiant « racine » : la pomme de terre est originaire des Andes).
- ***Una judía verde, seca***, un haricot vert, sec. Selon les régions ou les variétés, le mot haricot peut se traduire également par ***alubia*** *(f.)*, ***habichuela*** *(f.)*, ***frijol*** ou, en Amérique latine, ***poroto***.
- Le nom de plantes est parfois employé dans des expressions familières : ***me importa un pepino*** (concombre), ***un bledo*** (blette), ***un pimiento*** (poivron), ***un rábano*** (radis)..., je m'en fiche comme de ma première chemise... ; ***tomar el rábano por las hojas*** (prendre le radis par les feuilles), interpréter tout de travers.

Les frutas | *Les fruits*

la fruta	le fruit
el hueso (16)	le noyau
la manzana (17)	la pomme
la pera (18)	la poire
la cereza (19)	la cerise
la ciruela	la prune
el melocotón (20)	la pêche
el albaricoque	l'abricot
el membrillo	le coing
la fresa, el fresón (21)	la fraise
la frambuesa (22)	la framboise
la grosella	la groseille
la grosella negra	le cassis
la uva	le raisin
el racimo de uva	la grappe de raisin
la naranja	l'orange
el limón (23)	le citron
el pomelo	le pamplemousse
la piña	l'ananas
el aguacate	l'avocat
el plátano	la banane
el mango	la mangue
el dátil	la datte
la aceituna	l'olive
el higo	la figue
la nuez (*pl.* **las nueces**) (24)	la noix
la avellana	la noisette
la almendra	l'amande
la castaña	la châtaigne, le marron
verde	vert
maduro	mûr
jugoso	juteux
exótico	exotique

POUR ALLER PLUS LOIN

- En Amérique, ***el melocotón*** (la pêche) se dit ***el durazno***, ***el albaricoque*** (l'abricot), ***el damasco***, ***el aguacate*** (l'avocat) ***la palta*** et ***el fresón*** (la fraise) ***la frutilla***.
- Le mot ***fresa*** (fraise) désigne la fraise des bois (***fresa silvestre***) et certaines variétés cultivées. ***Un fresón*** est une grosse fraise cultivée.
- ***El membrillo*** (le coing) sert, en particulier, à faire de la pâte de coing (***el dulce*** ou ***la carne de membrillo***), fort appréciée en Espagne.
- L'expression très courante ***mucho ruido y pocas nueces***, mot à mot « beaucoup de bruit et peu de noix », correspond à la locution « beaucoup de bruit pour rien ». Une autre expression usuelle : ***pedir peras al olmo***, littéralement « demander des poires à l'orme », correspond ***à pedir la luna, pedir imposibles,*** demander l'impossible.

13
14
1
18
16
10
7
4
24
11
12
9
21
3
8

13

Los animales
Les animaux

Los animales domésticos | Les animaux domestiques

el animal	l'animal
el perro	le chien
ladrar	aboyer
el gato	le chat
maullar	miauler
el conejo	le lapin
el caballo (1)	le cheval
la yegua	la jument
el potro	le poulain
el toro	le taureau
el buey	le bœuf
la vaca	la vache
el ternero	le veau
el burro	l'âne
la mula	la mule
el cerdo	le cochon, le porc
la oveja	la brebis
el carnero	le mouton
el cordero	l'agneau
la cabra (2)	la chèvre
el cabrito, el chivo	le chevreau
la llama	le lama
la vicuña	la vigogne
el camello	le chameau
el dromedario	le dromadaire
el rebaño	le troupeau
la pata (3)	la patte
la cola (4)	la queue
el rabo	la queue (des quadrupèdes)
el casco	le sabot (des équidés)
el cuerno (5)	la corne
las aves de corral	les volailles
la gallina	la poule
el gallo	le coq
el polluelo	le poussin
el pato (6)	le canard
el pavo, la pava	le dindon, la dinde
el ganso	l'oie

POUR ALLER PLUS LOIN

- En espagnol, comme en français, les animaux figurent dans de nombreuses expressions, parfois identiques dans les deux langues.

Le canard : ***pagar el pato***, écoper, porter le chapeau.
Le chat : ***buscarle tres pies el gato***, chercher midi à quatorze heures ; ***gato escaldado, del agua fría huye***, chat échaudé craint l'eau froide.
Le chien : ***ser perro viejo***, être un vieux renard, ne pas être né d'hier ; ***tratar a alguien como a un perro***, traiter quelqu'un comme un chien.
Le coq : ***en menos que canta un gallo***, en un clin d'œil, en moins de deux.
La poule : ***la gallina de los huevos de oro***, la poule aux œufs d'or.
Le taureau : ***ver los toros desde la barrera***, ne pas prendre de risques, ne pas se mouiller.
La vache : ***las vacas gordas, flacas***, les vaches grasses, maigres.

- Le mot masculin ***ganso*** désigne l'oie domestique, qu'on appelle aussi ***la oca*** (***el juego de la oca***, le jeu de l'oie). Dans le langage culinaire, c'est aussi le masculin ***pavo*** (dindon) qu'on emploie en espagnol pour désigner la dinde : ***pavo asado***, dinde farcie. ***El pavo real***, le paon.
- ***El chivo expiatorio***, le bouc émissaire.

Los animales salvajes | *Les animaux sauvages*

la liebre (7)	le lièvre
la rata	le rat
el ratón (8)	la souris
la ardilla (9)	l'écureuil
el erizo	le hérisson
el mono, la mona	le singe, la guenon
el zorro, la zorra (10)	le renard
el lobo (11)	le loup
el león	le lion
el tigre	le tigre
la pantera	la panthère
el lince	le lynx
la fiera	le fauve
feroz (*pl.* **feroces**)	féroce
la jaula	la cage
rugir	rugir
morder (ue)	mordre
la garra	la griffe
la presa	la proie
el ciervo, la cierva (12)	le cerf, la biche
el jabalí	le sanglier
el oso (pardo, blanco)	l'ours (brun, blanc)
el bisonte	le bison
el rinoceronte	le rhinocéros
el elefante	l'éléphant
la jirafa	la girafe
la ballena	la baleine
el delfín	le dauphin
la foca	le phoque
el murciélago (13)	la chauve-souris

POUR ALLER PLUS LOIN

- Les animaux ne parlent pas la même langue en France et en Espagne ! Voici quelques mots de leur lexique : le cri d'un chien espagnol est ***guau*** (ouah), d'un chat ***miau*** (miaou), d'une vache ***muu*** (meuh), d'un mouton ***bee*** (bé), d'un âne ***hi, ha*** (hi-han), d'un coq ***quiquiriqui*** (cocorico), d'un canard ***cuac, cuac*** (coin-coin), d'une poule ***clo, clo*** (cot-cot), d'un poussin ***pío, pío*** (cui-cui).
- ***Zorro*** : tout le monde connaît Zorro, le justicier au loup noir. Mais sait-on que son nom signifie « Renard » en espagnol ? C'est à cette langue, que parlent les péons autour de lui, que le Californien don Diego (héros d'un roman américain de 1919) a, en effet, emprunté le surnom qui l'a rendu célèbre.

¡ Ojo ! ***una canguro*** (kangourou), dans la langue familière, est une… « baby-sitter ».

Un refrán : ***más vale ser cabeza de ratón que cola de león*** (mot à mot : il vaut mieux être tête de souris que queue de lion), il vaut mieux être le premier dans son village que le second à Rome.

Aves y peces | *Oiseaux et poissons*

el ave	l'oiseau
el pájaro	le petit oiseau
la golondrina (14)	l'hirondelle
el gorrión	le moineau
el ruiseñor	le rossignol
la paloma	la colombe, le pigeon
la perdiz (*pl.* **las perdices**)	la perdrix
el cuervo (15)	le corbeau
el águila	l'aigle
el cóndor	le condor
el buitre	le vautour
el búho	le hibou
la cigüeña	la cigogne
la gaviota (16)	la mouette
el cisne (17)	le cygne
el avestruz	l'autruche
el flamenco	le flamand rose
el loro, el papagayo	le perroquet
el ala (18)	l'aile
la pluma	la plume
el pico	le bec
el nido (19)	le nid
volar (ue)	voler
el pez (*pl.* **los peces**)	le poisson
la sardina	la sardine
el bacalao	la morue
la merluza	le colin, le merlu
el atún, el bonito	le thon
la anguila	l'anguille
el besugo	la daurade
el boquerón	l'anchois
la caballa	le maquereau
la lubina	le bar
el lenguado	la sole
el pez espada	l'espadon
la raya	la raie
el rape	la lotte, la baudroie
la trucha	la truite
el salmón	le saumon
el tiburón	le requin
la aleta	la nageoire

POUR ALLER PLUS LOIN

Un refrán : ***más vale pájaro en mano que ciento volando*** (mot à mot : mieux vaut un oiseau dans la main que cent en train de voler), un tiens vaut mieux que deux tu l'auras.
Matar dos pájaros de un tiro (littéralement : tuer deux oiseaux d'un coup de feu), faire d'une pierre deux coups. ***Cortar el bacalao*** (littéralement : couper la morue), commander, faire la pluie et le beau temps.

¡ Ojo ! ***el pez***, le poisson (vivant), ***el pescado***, le poisson (une fois pêché).

● ***El boquerón*** désigne l'anchois frais, ***el anchoa*** l'anchois en conserve.
El bonito désigne le thon blanc de la Méditerranée (ou bonite).

Moluscos, insectos, réptiles | *Mollusques, insectes, reptiles*

el marisco	le coquillage
la concha	la coquille
la ostra	l'huître
el mejillón	la moule
la almeja	la palourde
el berberecho	la coque
el bogavante	le homard
el cangrejo (de mar)	le crabe
la langosta	la langouste
el calamar	le calmar, l'encornet
el erizo de mar	l'oursin
el caracol (20)	l'escargot
el insecto	l'insecte
el zumbido	le bourdonnement
zumbar	bourdonner
la picadura	la piqûre (d'un insecte)
picar	piquer
la abeja	l'abeille
la colmena	la ruche
la avispa	la guêpe
la mosca	la mouche
el mosquito	le moustique
la mariposa	le papillon
la oruga	la chenille
la hormiga	la fourmi
la araña (21)	l'araignée
la telaraña	la toile d'araignée
la pulga	la puce
el piojo	le pou
el gusano	le ver
la rana (22)	la grenouille
el sapo	le crapaud
el réptil	le reptile
la serpiente (23)	le serpent
la víbora	la vipère
el veneno	le venin, le poison
venenoso	venimeux
la culebra	la couleuvre
el lagarto	le lézard (vert)
la lagartija (24)	le lézard (gris)
el cocodrilo	le crocodile
la tortuga	la tortue

POUR ALLER PLUS LOIN

- Les huîtres espagnoles s'ennuient ! L'espagnol dit ***aburrirse como una ostra*** (mot à mot : s'ennuyer comme une huître), le français… comme un rat mort.
- À propos de crustacés (***crustáceos***) : le français a adopté le mot espagnol ***gamba***, qui désigne une variété de grosse crevette, comme ***el langostino***, sorte de « bouquet » (à ne pas confondre avec ***la cigala***, la langoustine). Une crevette grise se dit ***un camarón*** (ou ***una quisquilla***). Attention, le mot ***langosta*** désigne une langouste mais aussi un… criquet. En ce qui concerne le mot ***cangrejo***, il désigne le crabe (***cangrejo de mar***) ou l'écrevisse (***cangrejo de río***). ***El percebe*** (pouce-pied) est un crustacé très apprécié en Espagne.
- Quand les grenouilles auront-elles des poils ? Jamais sans doute ! L'expression ***cuando las ranas críen pelos*** (mot à mot : quand les grenouilles auront des poils) correspond en effet parfaitement à « quand les poules auront des dents » (« à la saint-glinglin »)…

14

La vida en el campo
La vie à la campagne

Agricultura y ganadería | *Agriculture et élevage*

el campo (1)	la campagne ; le champ
el campesino	le paysan
el agricultor	l'agriculteur
agrícola	agricole
rural	rural
el pueblo (2)	le village
la aldea	le petit village, le hameau
el caserío	le hameau
la granja, la alquería (3)	la ferme
el granjero (4)	le fermier
la finca	la propriété, le domaine
el terreno	le terrain
el terrateniente	le propriétaire terrien
el corral	la cour ; la basse-cour
el gallinero	le poulailler
el establo (5)	l'étable
el cobertizo	le hangar
la tapia (6)	le mur de clôture
el molino (de viento)	le moulin (à vent)
el pozo	le puits
el prado (7)	le pré
el trigo	le blé
el maíz	le maïs
la espiga	l'épi
el grano (8)	le grain
la paja	la paille
el heno (9)	le foin
el ganado (10)	le bétail
la ganadería	l'élevage (du bétail)
el ganadero	l'éleveur (de bétail)
criar	élever
la crianza	l'élevage (des poulets, etc.)
el pastor (11)	le berger

POUR ALLER PLUS LOIN

● ***El campo :*** 1) ***Una casa de campo***, une maison de campagne ; ***la despoblación del campo***, le dépeuplement des campagnes. 2) ***Un campo de maíz***, un champ de maïs. 3) ***Los trabajadores del campo***, les agriculteurs.

● « Une ferme » se dit ***una granja*** (du français « grange »), ***una alquería*** (mot d'origine arabe) ou, en Andalousie, ***un cortijo***. ***Una finca rústica*** est une propriété rurale. ***Un pollo de granja***, un poulet fermier.

● ***Buscar una aguja en un pajar***, chercher une aiguille dans une meule de foin. ***Ir al grano***, aller au fait, droit à l'essentiel (le grain, par opposition à la paille).

● ***El ganado mayor, el ganado menor***, le gros, le petit bétail.

¡ Ojo ! Remarquez le pluriel dans l'expression ***la crisis de las vacas locas***, la crise de la vache folle.

Las faenas del campo | Les travaux des champs

el cultivo	la culture
cultivar	cultiver
labrar	cultiver, labourer
el tractor (12)	le tracteur
el arado	la charrue
el surco	le sillon
el abono	l'engrais
sembrar (ie)	semer
plantar	planter
regar (ie)	arroser, irriguer
el riego	l'arrosage, l'irrigation
el regadío	le terrain irrigable
la acequia	le canal d'irrigation
la regadera (13)	l'arrosoir
la cosecha	la récolte
cosechar	récolter
la cosechadora	la moissonneuse-batteuse
la recolección, la recogida	la récolte, la cueillette
coger, recoger	cueillir
arrancar	arracher
la siega	la moisson (l'action)
segar (ie)	faucher, moissonner
la guadaña	la faux
la hoz	la faucille
el rastrillo	le râteau
la trilla	le battage
trillar	battre (les céréales)
la vendimia	la vendange
vendimiar	vendanger
el vendimiador	le vendangeur
el viticultor	le viticulteur, le vigneron
la viña	la vigne (terrain)
la cuba, el tonel (14)	le tonneau
la zafra	la récolte de canne à sucre

POUR ALLER PLUS LOIN

- ***Un labrador***, un cultivateur, un paysan ; ***el arado sirve para arar***, la charrue sert à labourer.

¡ Ojo ! Deux traductions possibles de ***regar*** et de ***riego***. ***Una acequia*** (mot d'origine arabe) est synonyme de ***un canal de riego***, un canal d'irrigation. On distingue traditionnellement en Espagne ***los secanos***, terres non irriguées propres aux céréales, à la vigne, à l'olivier et ***los regadíos*** où l'on pratique les cultures irriguées (maraîchères, fruitières).

- Le mot ***una vega*** désigne une grande plaine fertile. À Cuba, se dit d'une plaine plantée de tabac.
- ***La vid*** est le nom de l'arbrisseau qui produit le raisin : ***el cultivo de la vid***, la culture de la vigne ; ***podar las vides***, tailler la vigne. Le mot ***la viña*** désigne le terrain planté de vignes et ***viñedo*** le vignoble (voir chapitres 11, 12 et 13).

La vida urbana
La vie urbaine

La ciudad | La ville

la población	l'agglomération ; la population
la capital	la capitale
el centro	le centre, le centre-ville
céntrico	central
el barrio	le quartier
residencial	résidentiel
el núcleo residencial	le grand ensemble
la urbanización	le lotissement
el suburbio	la banlieue, le faubourg
el arrabal	le faubourg
las afueras	la banlieue, les environs
los alrededores	les alentours, les environs
el tren de cercanías	le train de banlieue
la ciudad dormitorio	la cité-dortoir
las chabolas	les taudis, le bidonville
los barrios marginales	les quartiers sensibles
el plano de la ciudad	le plan de la ville
la calle	la rue
la avenida	l'avenue
el paseo	la promenade, l'avenue, le cours
la plaza	la place
la calzada	la chaussée
la acera	le trottoir
la farola (1)	le lampadaire
el quiosco, el kiosco	le kiosque
el parque	le parc
el banco	le banc
la fuente	la fontaine
el estanque	le bassin, la pièce d'eau
el surtidor	le jet d'eau
el zoo	le zoo

POUR ALLER PLUS LOIN

- ***Casco urbano*** désigne le centre-ville et ***casco antiguo*** le centre historique. À l'opposé, ***los barrios periféricos*** : les quartiers périphériques. ***Un barrio de chabolas***, littéralement un quartier de taudis, est un bidonville ; ***el problema del chabolismo***, le problème des bidonvilles. ***Una Vivienda de protección oficial*** est une HLM, le sigle espagnol VPO étant moins usuel que le sigle français.
- ***Una calle comercial***, une rue commerçante ; ***una calle peatonal***, une rue piétonnière ; ***una callejuela***, une ruelle ; ***un callejón sin salida***, une impasse (au propre et au figuré).
Un paseo signifie une promenade (action de se promener et lieu où l'on se promène) : ***dar un paseo por el Paseo de Cervantes***, faire une promenade sur le cours Cervantes.
La ronda de circunvalación, ***el cinturón (de ronda)***, le boulevard périphérique.
- ***La Villa y Corte*** : Madrid ; ***la Ciudad Condal*** : Barcelone.

La ciudad, los edificios | *La ville, les bâtiments*

el solar	le terrain à bâtir
el edificio (2)	l'édifice, le bâtiment
el monumento (3)	le monument
la manzana (de casas)	le pâté de maisons
la esquina	le coin, l'angle
los soportales	les arcades
el rascacielos	le gratte-ciel
la torre (4)	la tour
el ayuntamiento	l'hôtel de ville, la mairie
el alcalde, la alcaldesa	le maire
municipal	municipal
el palacio	le palais
la catedral	la cathédrale
la iglesia (5)	l'église
la nave	la nef
la nave lateral	le bas-côté
el campanario	le clocher
el cementerio, el camposanto	le cimetière
el museo	le musée
el teatro	le théâtre
la ópera	l'opéra
la biblioteca	la bibliothèque
el hospital	l'hôpital
el aparcamiento subterráneo	le parking souterrain
aparcar	garer, se garer
estacionar	stationner
prohibido aparcar	stationnement interdit
tranquilo	tranquille
ruidoso	bruyant
el ruido	le bruit
concurrido	fréquenté, passant
calle repleta de gente	rue noire de monde

POUR ALLER PLUS LOIN

- ***Una manzana*** signifie une pomme (fruit) et un pâté de maisons.
- ***La esquina*** désigne l'endroit où deux rues se coupent : ***el café de la esquina***, le café du coin ; ***el banco está en la esquina***, la banque est à l'angle ; ***está esquina a (la calle) Góngora***, elle est à l'angle de la rue Góngora ; ***mi casa hace esquina con la calle X***, ma maison est à l'angle de la rue X.
- L'inscription ***vado permanente***, devant une porte de garage par exemple, signale un « bateau » (***vado***) du trottoir, où il est interdit de stationner.
- ***La grúa*** (***municipal***) est ce véhicule muni d'une grue (***grúa***) qu'utilise la police pour l'enlèvement des voitures en stationnement interdit et pour les conduire à la fourrière (***el depósito***).

Los habitantes, los transportes | Les habitants, les transports

el habitante	l'habitant
vivir	habiter
el vecino	le voisin ; l'habitant
la muchedumbre	la foule
el transeúnte	le passant
el peatón (6)	le piéton
el paso de peatones	le passage pour piétons
el semáforo	le feu tricolore
el cruce	le croisement
cruzar	traverser
atropellar	renverser
empujar	pousser
hacer cola	faire la queue
la fila	la file
el metro	le métro
la estación (de metro)	la station (de métro)
el tranvía	le tramway
el autobús, el bus	l'autobus, le bus
el carril-bus	le couloir d'autobus
el cobrador	le receveur
la parada (del autobús)	l'arrêt (d'autobus)
el taxi	le taxi
el taxista	le chauffeur de taxi
el atasco, el embotellamiento	l'embouteillage
la policía	la police
el policía	le policier, l'agent
la comisaría de policía	le commissariat de police
el guardia urbano	l'agent
el vigilante nocturno, el sereno	le gardien de nuit
el vigilante jurado	le vigile
vigilar	surveiller
el orden público	l'ordre public

POUR ALLER PLUS LOIN

- Le mot ***vecino*** a deux sens : ***mi vecino***, mon voisin, et ***los vecinos de Madrid***, les habitants de Madrid.

¡ Ojo ! ***vivir*** signifie « vivre » mais aussi « habiter » : ***antes vivían en Granada***, avant ils habitaient (à) Grenade ; ***ahora viven en Madrid***, maintenant ils habitent (à) Madrid ; ***son vecinos del barrio de Canillas***, ils habitent le quartier de Canillas.

- ***Pararse en un semáforo en rojo***, s'arrêter à un feu rouge ; ***saltarse un semáforo (en rojo)***, brûler un feu rouge ; ***el semáforo se pone en verde***, le feu passe au vert… et, au figuré, ***dar luz verde a…***, donner le feu vert à…

Los servicios públicos | *Les services publics*

la oficina de correos	le bureau de poste
el correo	le courrier
la carta	la lettre
el sobre	l'enveloppe
franquear	affranchir
el sello	le timbre
pegar	coller
la dirección, las señas	l'adresse
el código postal	le code postal
la tarjeta postal, la postal	la carte postale
el cartero	le facteur
el buzón	la boîte aux lettres
echar una carta al buzón	mettre une lettre à la boîte
enviar	envoyer
el telegrama	le télégramme
urgente	urgent
el giro postal	le mandat
la lista de correos	la poste restante
el teléfono (inalámbrico)	le téléphone (sans fil)
el móvil	le portable
la cabina telefónica	la cabine téléphonique
la guía telefónica	l'annuaire du téléphone
la tarjeta de teléfono	la télécarte
llamar por teléfono, telefonear	téléphoner
la llamada	l'appel
descolgar, colgar	décrocher, raccrocher
el auricular	le combiné
el número	le numéro
marcar un número	composer un numéro
el prefijo	l'indicatif
una conferencia	une communication
un telefonazo	un coup de fil
el contestador automático	le répondeur automatique
enviar un fax	envoyer un fax
el bombero	le pompier
el incendio	l'incendie
socorrer	secourir
el basurero	l'éboueur
la basura	les ordures

POUR ALLER PLUS LOIN

El remitente y el destinatario de una carta, l'expéditeur et le destinataire d'une lettre ; ***quiero enviar esta carta por avión***, je voudrais envoyer cette lettre par avion ; ***¿ dónde hay un buzón, por favor ?***, où y a-t-il une boîte aux lettres, s'il vous plaît ? ; ***¿ a qué hora hay recogida ?***, à quelle heure y a-t-il une levée ?

● **Le téléphone** : ***¿ Dónde hay una cabina telefónica ?***, où y a-t-il une cabine téléphonique ? ; ***quisiera una conferencia con Valencia***, je voudrais téléphoner à Valence ; ***no contestan***, ça ne répond pas ; ***está comunicando***, c'est occupé ; ***nos han cortado***, on nous a coupés ; ***me he equivocado de número***, je me suis trompé(e) de numéro ; ***no se retire***, ne quittez pas.
(voir aussi p. 8 et 148 au sujet du téléphone ou de la correspondance)

¡ OYE CLARA !,
VE A LA DROGUERÍA
Y COMPRA JABÓN
Y DETERGENTE.
MERMELADAS,
FRUTAS EN ALMÍBAR
LICORES
El Gourmet
RESTAURANTE
EL RIOJANO
ALIMENTACIÓN
LILI & LOLA
LIBRERÍA
UNIVERSITARIA
PELUQUERÍA DE SEÑORAS
5
6
8
9
10
11
12

El comercio
Le commerce

Las tiendas | *Les boutiques*

la tienda (1)	la boutique, le magasin
los grandes almacenes (2)	les grands magasins
la sección	le rayon (dans un magasin)
la sucursal	la succursale
el mercado	le marché
el supermercado (3)	le supermarché
el hipermercado, el híper	l'hypermarché, l'hyper
el autoservicio	le self-service, le libre-service
la panadería	la boulangerie
el panadero	le boulanger
la pastelería	la pâtisserie
la carnicería	la boucherie
el carnicero	le boucher
la pescadería	la poissonnerie
la tienda de comestibles	l'épicerie
el tendero	l'épicier
la farmacia, la botica	la pharmacie
el farmacéutico	le pharmacien
la joyería (4)	la bijouterie
la librería	la librairie
la droguería	le marchand de couleurs
la ferretería	la quincaillerie
el tinte, la tintorería	la teinturerie
la lavandería	la laverie automatique
el estanco	le bureau de tabac
la peluquería	le salon de coiffure
el peluquero	le coiffeur
la zapatería	la cordonnerie ; le magasin de chaussures
el zapatero	le cordonnier
el escaparate (5)	la devanture, la vitrine
el letrero (de neón)	l'enseigne (au néon)

POUR ALLER PLUS LOIN

- Le gallicisme ***boutique*** est aujourd'hui couramment employé pour désigner une boutique de mode, plutôt élégante.
- Une épicerie se dit ***una tienda de comestibles*** ou ***una tienda de ultramarinos***, littéralement un magasin de produits d'outre-mer.
- Parmi les « grandes surfaces » (***grandes superficies***), ***los híper*** (contraction familière de ***los hipermercados***) sont de plus en plus répandus en Espagne. Les trois principales chaînes sont françaises.
- Un magasin d'antiquités se dit ***una tienda de antigüedades***, un antiquaire, ***un anticuario***. ***Un mercadillo*** est un petit marché aux puces en plein air, une brocante.
- L'inscription, sur la devanture d'un magasin, ***se traspasa*** signifie « bail à céder ».

Hoteles, bares, restaurantes | *Hôtels, bars, restaurants*

el hotel	l'hôtel
la cadena de hoteles	la chaîne d'hôtels
la pensión	la pension
la casa de huéspedes	la pension de famille
la fonda	l'hôtel modeste
la venta	l'auberge (isolée)
reservar	réserver
parar (en un hotel)	descendre (dans un hôtel)
alojarse	loger
la pensión completa	la pension complète
la media pensión	la demi-pension
la habitación	la chambre
la temporada alta, baja	la haute, basse saison
el restaurante	le restaurant
el café	le café
el bar	le bar
la barra	le comptoir, le bar
tomar una cerveza en la barra	prendre une bière au comptoir
las tapas	les tapas, les amuse-gueule
un plato típico español	un plat typiquement espagnol
la terraza (6)	la terrasse
la taberna	le bistrot, la taverne
la tasca	le bistrot
el chato	le petit verre (de vin)
la cafetería (7)	le snack-bar
la cervecería	la brasserie
el camarero, el mozo	le serveur, le garçon
el servicio	le service
servir (i) (8)	servir
la cuenta	l'addition
la propina	le pourboire
el casino	le cercle, le club ; le casino

POUR ALLER PLUS LOIN

● En Espagne, ***un hostal*** est un établissement hôtelier de catégorie moyenne, entre ***el hotel*** et ***la pensión***. ***Un parador*** est un hôtel de luxe géré par l'État, souvent installé dans un édifice historique (château, monastère) ; il y en a actuellement 86.
En el hotel, à l'hôtel : ***¿ tienen ustedes una habitación libre ?***, avez-vous une chambre libre ? ; ***una habitación individual, doble***, une chambre pour une personne, pour deux personnes ; ***una habitación de dos camas, con cama de matrimonio***, une chambre à deux lits, avec un lit à deux personnes.

● ***¡ Camarero !, tráigame la carta, por favor***, garçon !, apportez-moi la carte, s'il vous plaît ; ***el menú***, le menu ; ***el plato del día***, le plat du jour.

● Les ***tapas*** sont de légers hors-d'œuvre, très variés, servis avec l'apéritif ou avec un petit verre de vin (***un chato***). ***Un pinchito*** est une ***tapa*** piquée au bout d'un cure-dent en bois (***palillo***). Les ***tacos*** sont des petits cubes de fromage ou de jambon servis comme ***tapas***.

● ***Ir de chateo***, faire la tournée des bistrots (***chateo*** vient de ***chato***) ; ***ir de copas*** a à peu près le même sens : ***una copa***, un verre.

(voir aussi chapitre 5)

Comprar y vender | *Acheter et vendre*

la compra	l'achat
el comprador	l'acheteur
la venta	la vente
el vendedor (9)	le vendeur
se vende	à vendre
el dependiente, la dependienta	le vendeur, la vendeuse (dans un magasin)
el cliente (10)	le client
atender (ie)	servir (un client)
¿ le atienden ?	on s'occupe de vous ?, on vous sert ?
envolver (ue)	envelopper, emballer
la mercancía	la marchandise
el artículo (11)	l'article
la muestra	l'échantillon
la marca	la marque
el precio (12)	le prix
costar (ue)	coûter
la caja	la caisse
entregar	livrer
el comerciante	le commerçant
comercial	commercial
la feria	la foire
la subasta	la vente aux enchères
importar	importer
exportar	exporter
las existencias	les stocks
las rebajas	les soldes
la rebaja, el descuento	la remise, le rabais
rebajar	solder
la oferta	l'offre ; l'article en promotion
facilidades (de pago)	facilités de paiement
la competencia	la concurrence

POUR ALLER PLUS LOIN

● ***Hacer la compra***, faire ses provisions ; ***ir, salir a la compra***, aller faire son marché, ses provisions ; ***ir de compras***, aller faire des courses ; ***la cesta de la compra***, le panier à provisions et aussi « le panier de la ménagère » (les dépenses alimentaires). ***La bolsa de plástico***, le sac en plastique ; ***el carrito***, le Caddie.

● ***¿ Cuánto es ?***, c'est combien ?, ça fait combien ? ; ***¿ cuánto cuesta ?***, combien ça coûte ? ; ***¿ cuánto cuestan los plátanos ?***, combien coûtent les bananes ? ; ***¿ a cuánto es el kilo ?***, c'est combien le kilo ? ; ***¿ cuánto le debo ?***, je vous dois combien ?

¡ Ojo ! ***comercial***, commercial (***centro comercial***, centre commercial), commerçant (***calle comercial***, rue commerçante).

(voir aussi chapitre 17)

El dinero
L'argent

El dinero | L'argent

la moneda (1)	la monnaie, la pièce de monnaie
el monedero	le porte-monnaie
dar la vuelta	rendre la monnaie
el (dinero) suelto	la petite monnaie
tener suelto	avoir de la monnaie
el cambio de 100 euros	la monnaie de 100 euros
el billete (de banco)	le billet (de banque)
el céntimo	le centime
el precio	le prix
la cantidad	la somme
el importe	le montant
rico (2)	riche
la riqueza	la richesse
la pasta, la tela *(fam.)*	le fric
estar forrado *(fam.)*	avoir du fric
estar pelado, sin blanca *(fam.)*	être fauché
pobre	pauvre
la pobreza	la pauvreté
la miseria	la misère
el mendigo	le mendiant
la limosna	l'aumône
la fortuna	la fortune
el lujo	le luxe
lujoso	luxueux
el tesoro	le trésor
la herencia	l'héritage
barato	bon marché
caro (3)	cher
económico	économique
valioso (4)	précieux, de valeur
gratuito	gratuit

POUR ALLER PLUS LOIN

● Le mot ***dinero*** vient du latin ***denarius*** (denier). En Amérique latine, on emploie le mot ***la plata*** qui est le nom du métal : ***gana mucha plata***, il gagne beaucoup d'argent.

● Le mot ***moneda*** désigne la pièce de métal et l'unité de valeur (***la moneda única***, la monnaie unique). Voici quelques monnaies : ***el dólar*** (le dollar) ***; el franco suizo*** (le franc suisse) ; ***la libra*** (la livre) ; ***el peso*** (en Argentine, au Chili, en Colombie, au Mexique, etc.) ; ***el bolívar*** (au Venezuela) ; ***el inti*** (au Pérou) ; ***el sucre*** (en Équateur), etc.

¡ Ojo ! ***barato,caro*** : ***una pensión barata***, une pension bon marché ; ***una comida muy cara***, un repas très cher ; ***es muy caro***, c'est très cher ; ***¿ tiene algo más barato ?***, avez-vous quelque chose à meilleur marché ?

● ***Costar un ojo de la cara, un riñón***, coûter les yeux de la tête ; ***estar por las nubes***, être hors de prix, inabordable ; ***valer un perú***, valoir une fortune, de l'or.

Un refrán : ***el tiempo es dinero***, le temps c'est de l'argent.

En el banco | À la banque

el banco	la banque
bancario	bancaire
la caja	la caisse
el cajero	le caissier
el cajero automático	le distributeur de billets, la billeterie
el cheque	le chèque
el talonario de cheques	le carnet de chèques
la transferencia bancaria	le virement bancaire
la cuenta corriente	le compte courant
abonar en cuenta de...	verser au compte de...
la tarjeta de crédito	la carte de crédit
cambiar	changer
la oficina de cambio	le bureau de change
la caja fuerte (5)	le coffre-fort
el sueldo, el salario	le salaire
ganar	gagner
la ganancia	le gain
cobrar	toucher, encaisser
gastar	dépenser
los gastos	les frais, les dépenses
los ahorros	les économies
la caja de ahorros	la caisse d'épargne
ahorrar	économiser, épargner
el desarrollo	le développement
el consumo	la consommation
la sociedad de consumo	la société de consommation
consumir	consommer
derrochar	gaspiller
el derroche	le gaspillage
la inflación	l'inflation
el alza, la subida de precios	la hausse des prix
los precios se han disparado	les prix ont flambé, se sont envolés

POUR ALLER PLUS LOIN

- ***Un banco***, une banque ; ***la sucursal de un banco***, la succursale d'une banque ; ***el Banco de España***, la Banque d'Espagne. Le mot ***la banca*** s'applique à l'activité bancaire : ***las operaciones de banca se hacen en un banco***, les opérations de banque se font dans une banque.
- ***Cobrar un cheque***, toucher un chèque ; ***cobra dos mil euros al mes***, il touche deux mille euros par mois ; ***este garajista cobra demasiado (caro)***, ce garagiste prend trop cher.
- En Amérique, « le carnet de chèques » se dit ***la chequera***.

Un refrán : ***a padre ganador, hijo gastador***, à père avare, fils prodigue.

Los negocios | Les affaires

el hombre de negocios	l'homme d'affaires
la sociedad	la société
la compañía	la compagnie
la empresa	l'entreprise
la propiedad	la propriété
el propietario	le propriétaire
poseer	posséder
el capital	le capital
los ingresos	les revenus, les recettes
el presupuesto	le budget
el balance	le bilan
el beneficio	le bénéfice
la ganancia	le gain, le bénéfice, le profit
la facturación	le chiffre d'affaires
la quiebra	la faillite
enriquecerse	s'enrichir
la renta	le revenu
el impuesto sobre la renta	l'impôt sur le revenu
el IVA	la TVA
costar (ue)	coûter
valer	valoir
el valor	la valeur
la deuda	la dette
deber	devoir
pagar	payer
el pago	le paiement, le versement
pedir prestado	emprunter
prestar	prêter
devolver (ue)	rendre, rembourser
repartir	répartir, distribuer
invertir	investir
la Bolsa	la Bourse
las acciones	les actions
el tipo de interés	le taux d'intérêt
el seguro	l'assurance
el blanqueo del dinero	le blanchiment de l'argent
los paraísos fiscales	les paradis fiscaux

POUR ALLER PLUS LOIN

- ***El IVA*** (la TVA) signifie ***el Impuesto sobre el Valor Añadido***. ***PYME (Pequeña y Mediana Empresa)*** correspond à PME.
- ***Hacienda*** (sans article) signifie « les finances » : ***el Ministerio de Hacienda***, le ministère des Finances ; ***inspectores de Hacienda***, inspecteurs des Finances. Ce mot désigne aussi le Trésor public (***la Hacienda pública***), le fisc (***el fisco***) : ***defraudar a Hacienda, al fisco***, frauder de fisc. Notez que le premier sens d'***hacienda*** est celui de propriété rurale.
- ***Pagar al contado***, payer comptant ; ***pagar en efectivo***, payer en espèces, en liquide ; ***pagar con cheque***, payer par chèque.
- L'assurance : ***el seguro contra robo, de vida***, l'assurance contre le vol, l'assurance-vie ; ***la póliza de seguros***, la police d'assurances ; ***la compañía de seguros*** ou ***aseguradora***, la compagnie d'assurances.

Contar y calcular
Compter et calculer

Los números, el cálculo | *Les nombres, le calcul*

el número	le nombre
la cifra	le chiffre
la parte	la partie
el total	le total
la mitad	la moitié
el doble	le double
el triple	le triple
la fracción	la fraction
la tercera parte (1)	le tiers
la cuarta parte (2)	le quart
el porcentaje	le pourcentage
el diez por ciento	dix pour cent
medio	demi
único	unique
la suma (3)	l'addition ; la somme
sumar	additionner
restar (4)	soustraire
multiplicar (5)	multiplier
dividir (6)	diviser
quitar	ôter
2 y 2 son 4	2 et 2 font 4
4 menos 2 son 2	2 ôté de 4 reste 2
2 por 2 son 4	2 fois 2 font 4
18 entre 6 son 3	18 divisé par 6 font 3
2 de cada 3 personas	2 personnes sur 3
la calculadora	la calculatrice

POUR ALLER PLUS LOIN

- Le pourcentage : il s'exprime toujours, en espagnol, avec un article masculin singulier (***un interés del 6 %***, un intérêt à 6 %).

- Les cardinaux :

0 cero	11 once	21 veintiuno	31 treinta y uno	300 trescientos, -as
1 uno	12 doce	22 veintidós	…	400 cuatrocientos, -as
2 dos	13 trece	23 veintitrés	40 cuarenta	500 quinientos, -as
3 tres	14 catorce	24 veinticuatro	50 cincuenta	600 seiscientos, -as
4 cuatro	15 quince	25 veinticinco	60 sesenta	700 setecientos, -as
5 cinco	16 dieciséis	26 veintiséis	70 setenta	800 ochocientos, -as
6 seis	17 diecisiete	27 veintisiete	80 ochenta	900 novecientos, -as
7 siete	18 dieciocho	28 veintiocho	90 noventa	1 000 mil
8 ocho	19 diecinueve	29 veintinueve	100 ciento, cien	2 000 dos mil
9 nueve	20 veinte	30 treinta	200 doscientos, -as	1 000 000 un millón
10 diez				

- Les ordinaux :

1° primero	7° séptimo	13° décimo tercero	70° septuagésimo
2° segundo	8° octavo	20° vigésimo	80° octogésimo
3° tercero	9° noveno	30° trigésimo	90° nonagésimo
4° cuarto	10° décimo	40° cuadragésimo	100° centésimo
5° quinto	11° undécimo	50° quincuagésimo	1 000° milésimo
6° sexto	12° duodécimo	60° sexagésimo	

Pesos y medidas | *Poids et mesures*

calcular	calculer
medir (i)	mesurer
la unidad, las unidades	l'unité, les unités
la longitud	la longueur
el metro	le mètre
el milímetro	le millimètre
el centímetro	le centimètre
el kilómetro	le kilomètre
100 kilómetros por hora	100 kilomètres/ heure
la superficie	la superficie
el metro cuadrado	le mètre carré
la hectárea	l'hectare
el volúmen	le volume
el metro cúbico	le mètre cube
la capacidad	la capacité
el litro	le litre
el peso	le poids
el gramo	le gramme
el kilo(gramo)	le kilo(gramme)
la tonelada	la tonne
pesar	peser
pesado (7)	lourd
ligero (8)	léger
el grado	le degré
la cantidad	la quantité
numeroso	nombreux

POUR ALLER PLUS LOIN

● Quelques chiffres :
45 mètres : ***cuarenta y cinco metros*** (***y*** entre la dizaine et l'unité).
200 tonnes, ***doscientas toneladas*** (accord des centaines).
150 litres, ***ciento cincuenta litros*** ; 100 kilos, ***cien kilos*** ; 100 000 euros, ***cien mil euros*** (notez l'apocope de ***ciento*** en ***cien*** devant un nom ou un nombre qu'il multiplie).
Une douzaine, ***una docena*** ; une centaine, ***un centenar***.

● Quelques expressions avec des chiffres : ***una de dos***, de deux choses l'une ; ***cada dos por tres***, très souvent, constamment ; ***de tres al cuarto***, minable ; ***en un dos por tres***, en moins de deux ; ***a las mil y quinientas***, très tard, à une heure impossible.

¡ Ojo ! ***un millar***, un millier (un milliard : ***mil millones***).

● Nombres ordinaux : dans la pratique, on n'emploie guère que les dix ou douze premiers. On remplace les autres par le nombre cardinal correspondant. ***Juan Pablo II (segundo)***, Jean-Paul II ; ***el siglo XV (quince)***, le XVe siècle (voir p. 62).

La expresión de la cantidad | *L'expression de la quantité*

muy	très
mucho (a, os, as)	beaucoup (de)
poco (a, os, as)	peu (de)
bastante	assez (de)
demasiado (a, os, as)	trop (de)
apenas	à peine
casi	presque
nada	rien
nadie	personne
más	plus
menos	moins
por lo menos	au moins
el mayor	le plus grand
el menor	le plus petit, le moindre
tan… como	aussi… que
tanto (a, os, as)	tant, tellement (de)
todo, toda	tout, toute
sobre todo	surtout
sólo	seulement
además	de plus, en outre
también	aussi
tampoco	non plus
cada	chaque
algo	un peu ; quelque chose
alguno, alguna	quelque
ninguno, ninguna	aucun, aucune
varios, varias	plusieurs
ambos, ambas	les deux ; tous/toutes les deux
otro, otra	autre

POUR ALLER PLUS LOIN

● Attention aux accords (adverbes suivis d'un nom, employés comme des adjectifs) : ***mucho viento***, beaucoup de vent ; ***mucha nieve***, beaucoup de neige ; ***muchas personas***, beaucoup de personnes ; ***pocas flores***, peu de fleurs ; ***bastantes cosas***, assez de choses ; ***demasiados coches***, trop de voitures ; ***¡ había tanta gente !***, il y avait tellement de monde ! Mais : ***te quiero mucho***, je t'aime beaucoup ; ***un poco de agua***, un peu d'eau ; ***un poquito de***, un petit peu de.

● « Environ » se rend par ***alrededor de, cerca de, poco más o menos*** ou l'indéfini pluriel ***unos, unas*** : ***unas dos horas***, environ deux heures.

● ***Otro, otra***. Jamais d'article indéfini devant ***otro, otra*** : ***tengo otro hermano y otra hermana*** ; j'ai un autre frère et une autre sœur. Le numéral se place obligatoirement après ***otro*** : ***mis otras dos primas***, mes deux autres cousines ; ***sus otros tres hijos***, ses trois autres enfants. ***Los demás***, les autres.

● ***Ambos, ambas*** : s'emploie pour désigner deux choses ou deux personnes qui vont généralement ensemble. ***La besó en ambas mejillas***, il l'embrassa sur les deux joues ; ***tiene dos hermanos*** : ***ambos son profesores***, il a deux frères : ils sont tous les deux professeurs.

Trabajar

Travailler

Los oficios (1) — *Les métiers (1)*

el trabajo	le travail
el trabajador	le travailleur
la profesión	la profession
la carrera	la carrière
el cargo	le poste
el puesto, la plaza	la place
el empleo, el puesto de trabajo	l'emploi
el empleado	l'employé
emplear	employer
el funcionario	le fonctionnaire
el jefe	le chef, le patron
el director, la directora	le directeur, la directrice
el empresario	le chef d'entreprise
un ejecutivo	un cadre
un alto ejecutivo	un cadre supérieur
los mandos	les cadres, les dirigeants
el amo	le maître
el dueño	le maître, le propriétaire, le patron
el patrón	le patron
el capataz	le contremaître
el ingeniero	l'ingénieur
el técnico	le technicien
el especialista	le spécialiste
el personal, la plantilla	le personnel
la oficina	le bureau
el oficinista	l'employé de bureau
el contable	le comptable
el secretario	le secrétaire
la secretaria de dirección (1)	la secrétaire de direction
la mecanógrafa (2)	la dactylo
la telefonista	la standardiste

POUR ALLER PLUS LOIN

- ***Un cargo***, un poste ; ***un cargo directivo***, un poste de direction ; ***un alto cargo***, un haut responsable, un dirigeant.

Tiene un puesto de secretaria en el ayuntamiento, elle a une place de secrétaire à la mairie ; ***hay que crear nuevos puestos de trabajo***, il faut créer de nouveaux emplois.

- ***El perro reconoce la voz de su amo***, le chien reconnaît la voix de son maître ; ***el dueño del hotel***, le propriétaire, le patron de l'hôtel ; ***el patrón dicta una carta a su secretaria***, le patron dicte une lettre à sa secrétaire ; ***los empresarios y el capital***, les chefs d'entreprise et le capital.
- ***Trabajar de…*** signifie « exercer le métier de », « être… » : ***trabaja de secretaria en un banco***, elle est secrétaire dans une banque.

Los oficios (2) | Les métiers (2)

el obrero	l'ouvrier
el obrero cualificado	l'ouvrier qualifié
el artesano	l'artisan
el aprendiz	l'apprenti
el peón	le manœuvre
el agricultor	l'agriculteur
el arquitecto	l'architecte
el albañil (3)	le maçon
el carpintero	le menuisier, le charpentier
el electricista	l'électricien
el fontanero	le plombier
el pintor de brocha gorda (4)	le peintre en bâtiment
el mecánico	le mécanicien
el camionero (5)	le routier
el taxista	le chauffeur de taxi
el médico	le médecin
el cirujano	le chirurgien
el dentista, el odontólogo	le dentiste
el veterinario	le vétérinaire
el librero	le libraire
el profesor	le professeur
el informático	l'informaticien
el programador	le programmeur
el dependiente, la dependienta	le vendeur, la vendeuse
el pescador	le pêcheur
el cocinero	le cuisinier
el peluquero	le coiffeur
el zapatero	le cordonnier
el criado, la criada	le, la domestique
la asistenta (6)	la femme de ménage
la azafata	l'hôtesse (de l'air, d'accueil)
el viajante de comercio	le voyageur de commerce, le représentant
el portero (7)	le concierge
el limpiabotas, el limpia	le cireur de chaussures

POUR ALLER PLUS LOIN

Un carpintero, un menuisier. Pour désigner un charpentier on peut préciser ***un carpintero de armar***.

● Le mot ***azafata*** (hôtesse) vient d'un mot arabe désignant une corbeille dans laquelle les servantes présentaient à leur maîtresse bijoux, vêtements, parfums.

Un refrán : ***zapatero a tus zapatos*** (mot à mot : cordonnier à tes souliers), chacun son métier, les vaches seront bien gardées.

Voir aussi les chapitres où il est question d'activité professionnelle (le commerce, l'enseignement, par exemple).

El mundo del trabajo (1) | *Le monde du travail (1)*

la industria química, textil	l'industrie chimique, textile
el complejo industrial	le complexe industriel
la metalurgia	la métallurgie
la refinería (de petróleo)	la raffinerie (de pétrole)
la central eléctrica, nuclear	la centrale électrique, nucléaire
la fábrica (8)	l'usine
el taller	l'atelier
la herramienta	l'outil
la máquina	la machine
funcionar	fonctionner
la cadena de montaje	la chaîne de montage
la fabricación	la fabrication
fabricar	fabriquer
la producción	la production
producir	produire
la productividad	la productivité
el rendimiento	le rendement
la actividad	l'activité
la mano de obra	la main-d'œuvre
la empresa	l'entreprise
el mercado de trabajo, laboral	le marché du travail
los recursos humanos	les ressources humaines
la solicitud de empleo	la demande d'emploi
la oferta de empleo	l'offre d'emploi
el currículum vitae, el currículo	le *curriculum vitae*
el cursillo	le stage
el cursillista	le stagiaire
el contrato	le contrat
contratar	embaucher
la contratación	l'embauche
la formación profesional	la formation professionnelle
el curro, el curre *(fam.)*	le boulot
currar *(fam.)*	bosser
el despido	le renvoi, le licenciement
despedir (i)	renvoyer, licencier

POUR ALLER PLUS LOIN

● « Usine » se dit ***fábrica***. ***Una planta*** est une usine qui produit de l'énergie, autrement dit « une centrale » : ***una planta nuclear***, une centrale nucléaire.

● ***El currículum vitae*** : ce mot a pour synonyme ***historial (personal)*** : ***las personas interesadas pueden enviar su historial personal escrito a mano a…***, les personnes intéressées peuvent envoyer leur *curriculum vitae* écrit à la main à…

● Le mot « travail » peut aussi se traduire par les mots féminins ***labor*** ou ***tarea***, notamment dans les expressions ***las labores domésticas***, les travaux domestiques ; ***las tareas caseras***, les travaux ménagers (voir aussi p. 53). La formule administrative ***Sus labores (SL)*** s'applique aux femmes au foyer, « sans profession ».

El mundo del trabajo (2) | Le monde du travail (2)

la jornada laboral	la journée de travail
trabajar media jornada	travailler à mi-temps
la jornada intensiva	la journée continue
el trabajo temporal	le travail temporaire, l'intérim
el horario	l'horaire ; l'emploi du temps
el sueldo, el salario	le salaire
la paga	la paie
el asalariado	le salarié
el aumento salarial	l'augmentation de salaire
las horas extra	les heures supplémentaires
el trabajador autónomo	le travailleur indépendant
ir por libre	être à son compte
el accidente laboral	l'accident de travail
estar de baja por enfermedad	être en congé de maladie
las vacaciones	les vacances
las vacaciones pagadas	les congés payés
el nivel de vida	le niveau de vie
el paro	le chômage
el parado	le chômeur
estar en paro	être en chômage
el subsidio de paro	l'allocation de chômage
la huelga	la grève
el huelguista	le gréviste
declararse en huelga	se mettre en grève
el sindicato	le syndicat
la patronal	le patronat, la direction
el convenio colectivo	la convention collective
la jubilación	la retraite
jubilarse, retirarse	prendre sa retraite
estar jubilado, retirado	être à la retraite
el jubilado, el pensionista	le retraité

POUR ALLER PLUS LOIN

- L'INEM (***Instituto Nacional de Empleo***) correspond à notre ANPE.
- ***La bolsa de trabajo***, la bourse du travail. Exemple d'offre d'emploi : ***Importante empresa precisa secretaria bilingüe con experiencia, edad mínima 25 años. Ofrecemos : horario flexible, rápida promoción, sueldo a convenir***, Importante entreprise recherche secrétaire bilingue ayant de l'expérience, âge minimum 25 ans. Nous offrons : horaire variable, promotion rapide, salaire à débattre.
- ***La huelga de hambre***, la grève de la faim ; ***la huelga de celo***, ***de brazos caídos***, la grève du zèle, sur le tas ; ***convocar huelga***, lancer un ordre de grève.
- ***Retirarse*** (prendre sa retraite) se dit des militaires, de même que ***retirado***.
- ***El sueldo*** est le salaire mensuel ; ***el salario***, le salaire journalier, hebdomadaire, mensuel, des domestiques, des travailleurs manuels.

COMEDOR
BIBLIOTECA
RESULTADOS DE LOS EXÁMENES
APROBADOS
SUSPENSOS
FILOSOFÍA
CIENCIAS NATURALES
MATEMÁTICAS
IDIOMAS
FÍSICA
QUÍMICA
TOTAL: TENDRÉ QUE REPETIR CURSO...
FUNKY MUSIC

La enseñanza
L'enseignement

En clase | En classe

el aula, la clase	la (salle de) classe
la pizarra (1)	le tableau (noir)
la tiza	la craie
escribir	écrire
la cartera	la serviette
el libro escolar (2)	le livre de classe
el diccionario (en dos volúmenes)	le dictionnaire (en deux volumes)
el cuaderno (3)	le cahier
la carpeta	le classeur
la hoja de papel	la feuille de papier
la cuartilla	la copie
la página	la page
el margen	la marge
la línea	la ligne
el lápiz (4) (*pl.* **los lápices**)	le crayon
el bolígrafo (5)	le stylo à bille
la (pluma) estilográfica	le stylo
la tinta	l'encre
el rotulador	le feutre, le crayon-feutre
la goma	la gomme
borrar	effacer
la regla (6)	la règle
el celo	le scotch
la calculadora de bolsillo	la calculette, la calculatrice de poche
el recreo	la récréation
el patio	la cour
jugar (ue)	jouer

POUR ALLER PLUS LOIN

¡ Ojo ! le mot ***aula*** (salle de classe) est féminin (***el*** au lieu de ***la*** devant ***a*** ou ***ha*** accentués par euphonie).

● ***Escribir en la pizarra, con tiza***, écrire au tableau, à la craie ; ***escribir con pluma***, écrire au stylo. « Un stylo » se dit, dans la langue courante, ***una estilográfica*** ou simplement ***una pluma***. Le mot ***plumilla*** (diminutif de ***pluma***) désigne la plume elle-même.

Un plumier, un plumier ou une trousse d'écolier (gallicisme).
Un boli : diminutif familier de ***bolígrafo*** (stylo à bille).

El sistema educativo | Le système d'éducation

la escuela	l'école
el jardín de la infancia	le jardin d'enfants
la escuela de párvulos	l'école maternelle
el maestro	le maître, l'instituteur
la maestra	la maîtresse, l'institutrice
el profesor, el profe, la profesora (7)	le professeur, le prof
el catedrático	le professeur (titulaire d'une chaire)
el alumno, la alumna	l'élève
los escolares	les écoliers
escolar	scolaire
el interno	l'interne
el mediopensionista	le demi-pensionnaire
el colegio	le collège
el cole *(fam.)*	le bahut
el instituto	le lycée
la universidad	l'université
la facultad, la facu	la faculté, la fac
matricularse en la facultad	s'inscrire à la faculté
la matrícula	l'inscription
enseñar	enseigner
estudiar	étudier
el estudiante	l'étudiant
los estudios, la carrera	les études
cursar estudios	faire des études
un curso (de inglés, etc.)	un cours (d'anglais, etc.)
el curso (escolar)	l'année scolaire
la clase	la classe, le cours
la clase de recuperación	le cours de rattrapage
repetir (curso)	redoubler
¿ repites curso ?	tu redoubles ?
empollar *(fam.)*	potasser, bûcher
empollón *(fam.)*	bûcheur
la beca	la bourse
la cultura	la culture

POUR ALLER PLUS LOIN

● Le verbe ***estudiar***, « étudier », a aussi le sens de « faire des études » : ***estudia psicología***, il, elle fait des études de psychologie. Le verbe ***cursar*** a le même sens : ***cursar medicina***, faire sa médecine.

¡ Ojo ! ***la carrera***, la carrière (la profession) et aussi les études (préparant à une carrière) : ***estudia la carrera de ingeniero***, il fait des études d'ingénieur.
El curso a deux sens : « le cours » et « l'année scolaire » ***el curso 2002-2003***, l'année scolaire 2002-2003 ; ***el curso académico***, l'année universitaire.
La clase veut dire « la classe » ou « le cours » : ***en clase***, en classe ; ***hoy no hay clase***, aujourd'hui il n'y a pas classe, pas de cours ; ***clases nocturnas***, des cours du soir.

● L'Espagne compte 67 universités dont 19 privées. La faculté des lettres se dit ***la facultad de filosofía y letras***.

Las asignaturas, los exámenes | *Les matières, les examens*

la lección	la leçon
hacer los deberes	faire ses devoirs
el ejercicio	l'exercice
el tema	le sujet
el programa	le programme
las asignaturas	les matières (d'enseignement)
las asignaturas optativas	les matières à option
las matemáticas, las mates	les mathématiques, les maths
la física	la physique
la química	la chimie
las ciencias naturales	les sciences naturelles
la historia	l'histoire
la geografía	la géographie
los idiomas	les langues
la filosofía	la philosophie
la gimnasia	la gymnastique
aprender	apprendre
tomar apuntes	prendre des notes
repasar (la lección)	réviser (la leçon)
el repaso	la révision
corregir (i)	corriger
la convocatoria	la convocation
el examen	l'examen
examinarse de...	passer un examen de...
la prueba	l'épreuve
el tribunal	le jury
aprobar (ue) (el examen)	être reçu (à l'examen)
me han suspendido	je me suis fait recaler, coller
me han cateado la física *(fam.)*	je me suis fait étendre en physique
aprobado, suspenso	reçu, refusé
la nota	la note
el premio	le prix, la récompense
el fracaso	l'échec
el bachillerato	les études secondaires
el licenciado	le licencié
la licenciatura	la licence
el concurso, las oposiciones	le concours

POUR ALLER PLUS LOIN

- En Espagne, la scolarité obligatoire jusqu'à 16 ans se déroule en deux cycles : ***la educación primaria*** et ***la educación secundaria obligatoria (ESO)***. Ensuite, ***el bachillerato*** consiste en deux années d'études donnant accès aux études supérieures. ***La formación profesional (FP)*** correspond à l'enseignement technique.
- En Espagne, les devoirs sont habituellement notés de 0 à 10 : ***he sacado un 8 en historia***, j'ai eu 8 en histoire. Les mentions à un examen sont ***aprobado*** (mention passable), ***bien*** (assez bien), ***notable*** (bien), ***sobresaliente*** (très bien).
- On donne le nom d'***oposiciones*** à un concours pour l'obtention d'un emploi, notamment dans la fonction publique.

Viajar

Voyager

Los viajes — Les voyages

el viaje	le voyage
el viajero (1)	le voyageur
la agencia de viajes	l'agence de voyages
la información	le renseignement, l'information
el mapa	la carte
el itinerario	l'itinéraire
el trayecto	le trajet
el recorrido	le parcours
recorrer	parcourir
la distancia	la distance
el camino	le chemin
la línea (aérea, etc.)	la ligne (aérienne, etc.)
la salida	le départ ; la sortie
salir	partir
la llegada	l'arrivée
llegar	arriver
el retraso	le retard
hacer escala	faire escale
la maleta (2)	la valise
el equipaje	les bagages
facturar el equipaje	faire enregistrer ses bagages
la estación	la gare ; la station
el carrito	le chariot (à bagages)
el mozo (de estación)	le porteur
la taquilla, la ventanilla	le guichet
el billete (3)	le billet
sacar un billete de ida y vuelta	prendre un aller et retour
reservar	réserver
la aduana	la douane
el aduanero	le douanier
la sala de espera	la salle d'attente
tomar, coger el tren	prendre le train
hacer trasbordo en…	changer à…
el enlace	la correspondance
perder (ie) (el tren, etc.)	rater (son train, etc.)

POUR ALLER PLUS LOIN

● ***¿ A qué hora sale el próximo tren para Valladolid ?***, à quelle heure part le prochain train pour Valladolid ? ; ***¿ tiene mucho retraso ?***, il a beaucoup de retard ? ; ***¿ dónde tengo que hacer trasbordo ?***, où dois-je changer ? ; ***¿ a qué hora llegaremos ?***, à quelle heure arriverons-nous ? ; ***¿ nada que declarar ?***, rien à déclarer ? ; ***¡ suban al tren !***, en voiture ! ; ***¡ buen viaje !***, bon voyage !

¡ Ojo ! le mot ***el equipaje***, les bagages, s'emploie généralement au singulier : ***he dejado mi equipaje en la consigna***, j'ai laissé mes bagages à la consigne ; ***tengo facturado el equipaje***, mes bagages sont enregistrés.

Los medios de transporte | Les moyens de transport

el ferrocarril	le chemin de fer
el tren	le train
el rápido	le rapide
el vagón	le wagon, la voiture
el coche-cama	le wagon-lit
la litera	la couchette
la ventanilla	la fenêtre ; le hublot
el compartimiento	le compartiment
el asiento	la place, le siège
el pasajero	le passager
el revisor	le contrôleur
el andén	le quai
la vía	la voie
parar	s'arrêter
el túnel	le tunnel
el autocar	l'autocar, le car
el avión (4)	l'avion
los controladores aéreos	les aiguilleurs du ciel
el aeropuerto	l'aéroport
la pista (5)	la piste
despegar (6)	décoller
el despegue	le décollage
volar (ue)	voler
el vuelo	le vol
tomar tierra	se poser, atterrir
aterrizar (7)	atterrir
el aterrizaje	l'atterrissage
el piloto	le pilote
la azafata (8)	l'hôtesse de l'air
el steward, el auxiliar de vuelo	le steward
la tripulación	l'équipage
cancelar un vuelo	annuler un vol
el barco	le bateau
el marinero	le marin
el puerto	le port
embarcar	embarquer
la tarjeta de embarque	la carte d'embarquement
cargar	charger
transportar	transporter

POUR ALLER PLUS LOIN

- **La RENFE**, sigle de ***Red Nacional de Ferrocarriles Españoles*** (Réseau national des chemins de fer espagnols), est un établissement public fondé en 1941 semblable à la SNCF. ***Un tren de alta velocidad*** désigne un train à grande vitesse et ***El AVE (Alta Velocidad Española)*** est l'homologue du TGV.
- ***En el aeropuerto***, à l'aéroport : ***¿ dónde está el mostrador (de facturación) de Iberia ?***, où est le comptoir (d'enregistrement) d'Iberia ? ; ***¿ dónde facturan el equipaje para vuelos charter ?***, où fait-on enregistrer ses bagages pour les vols charter ? ; ***el avión procedente de Nueva York***, l'avion en provenance de New York ; ***el avión con destino a Lisboa***, l'avion à destination de Lisbonne.

¡ Ojo ! ***un pasaje : un billete*** (un billet) en Amérique latine.

- ***Azafata*** : voir note p. 111.

AUTOPISTA
12
1
11
10
2
7
3
5
4
6
14

En la carretera
Sur la route

Los vehículos | Les véhicules

el coche (1)	la voiture
el automóvil	l'automobile
el automovilista	l'automobiliste
el conductor	le conducteur
conducir	conduire
el volante (2)	le volant
el motor (3)	le moteur
la carrocería (4)	la carrosserie
arrancar	démarrer
acelerar	accélérer
el acelerador	l'accélérateur
frenar	freiner
el freno	le frein
el pedal	la pédale
parar(se)	s'arrêter
reducir la velocidad, ir más despacio	ralentir
cambiar de marcha	changer de vitesse
la rueda (5)	la roue
el neumático (6)	le pneu
el pinchazo	la crevaison
pinchar, sufrir un pinchazo	crever
el cinturón de seguridad	la ceinture de sécurité
el retrovisor (7)	le rétroviseur
el intermitente (8)	le clignotant
la bicicleta, la bici	la bicyclette, le vélo
el carril-bici	la piste cyclable
el ciclista	le cycliste
el ciclomotor	le cyclomoteur
la moto (9)	la moto
el motociclista	le motocycliste, le motard
el monovolumen	le monospace
el camión (10)	le camion
la camioneta (11)	la camionnette
el camionero	le routier
el autocar	l'autocar, le car
matricular	immatriculer
el carné de conducir	le permis de conduire
en rodaje	en rodage

POUR ALLER PLUS LOIN

● Les noms de voiture sont masculins en espagnol car le mot sous-entendu ***el coche*** est masculin : ***un citroën, un renault, un seat***, etc., une citroën, une renault, une seat, etc. C'est aussi le cas de ***un turismo***, une voiture de tourisme, ***un deportivo***, une voiture de sport, ***un descapotable***, une décapotable.

● ***Pisar*** (voir p. 59) : fouler, marcher sur, appuyer sur ; ***pisar el acelerador***, appuyer sur l'accélérateur.

● Quelques mots encore du vocabulaire de l'automobile : ***el parachoques***, le pare-chocs ; ***la matrícula***, la plaque minéralogique ; ***los faros***, les phares ; ***las luces de carretera, de cruce***, les feux de route, de croisement ; ***el parabrisas***, le pare-brise ; ***el limpiaparabrisas***, l'essuie-glace ; ***el maletero***, le coffre à bagages (du mot ***la maleta***, la valise) ; ***el depósito de gasolina***, le réservoir à essence ; ***el carburador***, le carburateur.

● ***El seguro del automóvil***, l'assurance auto (voir p. 104).

La circulación, el tráfico — *La circulation*

la autopista de peaje	l'autoroute à péage
la autovía	la voie rapide
la red viaria	le réseau routier
la curva (12)	le tournant, le virage
peligroso	dangereux
el cruce	le croisement
el código de circulación	le code de la route
los señales de tráfico (13)	les panneaux de signalisation
dirección prohibida	sens interdit
tuerza a la derecha	tournez à droite
el arcén (14)	le bas-côté, l'accotement
la cuneta	le fossé
el badén	le cassis
el bache	le nid-de-poule
la gasolinera	le poste d'essence
la gasolina (sin plomo)	l'essence (sans plomb)
la súper	le super
el aceite	l'huile
la avería	la panne
averiado	en panne

la estación de servicio	la station-service
el taller de reparaciones	l'atelier de réparations
reparar	réparer
el mecánico	le mécanicien
ir a 100 kilómetros por hora	rouler à 100 à l'heure
adelantar	doubler, dépasser
la retención (15)	le bouchon
el exceso de velocidad	l'excès de vitesse
el control de alcoholemia	l'alcootest
la multa	l'amende
el accidente (de tráfico)	l'accident (de la circulation)
la víctima	la victime
la moto ha chocado contra…	la moto a heurté…
estrellarse (contra un árbol…)	s'écraser (contre un arbre…)
volcar	se retourner, capoter
hacer autostop (16)	faire de l'auto-stop, du stop

POUR ALLER PLUS LOIN

Algunos señales de tráfico, quelques panneaux de signalisation :

dirección prohibida

prohibido girar a la izquierda

prohibido adelantar

velocidad limitada

sentido de giro obligatorio

doble curva

cruce con prioridad

semáforo

paso a nivel

obras

BAHÍA
DISCOTECA
Hotel Pez Espada
CAMPING
EL TEATRO
BAILAR
11
5
7
12
10
8
1
4

23

El ocio

Les loisirs

Juegos, caza y pesca | *Jeux, chasse et pêche*

el juego	le jeu
jugar (ue)	jouer
el jugador	le joueur
la distracción	la distraction
distraerse	se distraire
divertirse (ie), entretenerse (ie)	s'amuser
divertido	amusant
disfrutar de	profiter de, jouir de
la aventura	l'aventure
el juguete	le jouet
la muñeca (1)	la poupée
el naipe, la carta (2)	la carte à jouer
el ajedrez (3)	les échecs
las damas (4)	les dames
una partida de ajedrez, etc.	une partie d'échecs, etc.
el crucigrama (5)	les mots croisés
el videojuego	le jeu vidéo
la colección	la collection
la lotería	la loterie
el premio gordo, el gordo	le gros lot
el baile	la danse, le bal
bailar	danser
la discoteca	la discothèque, la boîte
el cazador	le chasseur
cazar	chasser
la escopeta	le fusil (de chasse)
disparar	tirer
el tiro, el disparo	le coup de feu
la huella, el rastro	la trace
el pescador	le pêcheur
pescar	pêcher
la caña de pescar (6)	la canne à pêche
pescar con caña	pêcher à la ligne
el anzuelo	l'hameçon

POUR ALLER PLUS LOIN

- ***La baraja española***, le jeu de cartes espagnol, comporte 48 cartes avec des figures qui lui sont propres : ***oros, copas, espadas, bastos***. ***El rey*** correspond au roi, ***el caballo*** à la reine, ***la sota*** au valet.
- ***La Lotería*** (la Loterie), monopole d'État depuis 1913 en Espagne, est très populaire. Les billets (***los cupones***) sont vendus par des aveugles (***ciegos***), membres d'une puissante organisation : la ***ONCE (Organización Nacional de Ciegos)***. ***Me ha tocado el gordo***, j'ai gagné le gros lot. ***El Bonoloto*** et ***la Lotería primitiva*** sont deux autres jeux de hasard et ***las quinielas*** des pronostics sur les matchs de football ou les courses.
- L'espagnol emploie parfois les gallicismes ***boîte*** et ***cabaret***. Une boîte (de nuit) se dit ***una « boîte »*** ou ***una discoteca***.
- Remarquez la préposition ***de*** dans : ***la caza del tigre***, la chasse au tigre ; ***la pesca de la trucha***, la pêche à la truite, etc.

El ocio, las vacaciones | Les loisirs, les vacances

el turismo	le tourisme
el turista	le touriste
turístico	touristique
la oficina de turismo	l'office du tourisme
el hotel	l'hôtel
el veraneante	l'estivant
veranear	passer ses vacances
veraniego	estival, d'été
la excursión	l'excursion
el paseo	la promenade
pasear(se)	se promener
el senderismo	la randonnée pédestre
visitar	visiter
el guía	le guide (personne)
el camping	le camping
la tienda de campaña (7)	la tente
el campista	le campeur
hacer camping, acampar	faire du camping, camper
la playa (8)	la plage
bañarse	se baigner
el bañista	le baigneur
el bañador (9)	le maillot de bain
nadar (10)	nager
el flotador	la bouée
la colchoneta	le matelas pneumatique
la sombrilla (11)	le parasol
el chiringuito	la buvette (sur une plage, par exemple)
los deportes náuticos	les sports nautiques
la vela	la voile
la tabla de windsurfing (12)	la planche à voile
hacer windsurf	faire de la planche à voile
el esquí acuático	le ski nautique
el buceo, el submarinismo	la plongée sous-marine
las aletas	les palmes
la piragua	le canoë, le kayak
remar	ramer
los deportes de invierno	les sports d'hiver

POUR ALLER PLUS LOIN

● Remarquez la préposition ***de*** dans : ***irse, marcharse de vacaciones***, partir en vacances ; ***estar de vacaciones***, être en vacances ; ***ir de excursión***, faire une excursion, aller en excursion.

¡ Ojo ! Le mot ***guía***, dans le sens d'« ouvrage donnant des renseignements », est féminin : ***una guía turística***, un guide touristique ; ***la guía de ferrocarriles***, l'indicateur des chemins de fer. Mais ***un guía***, un guide (personne qui accompagne).

● ***En la playa***, sur la plage : ***¿ es peligroso bañarse aquí ?***, c'est dangereux de se baigner ici ? ; ***¿ dónde se puede hacer pesca submarina ?***, où peut-on faire de la pêche sous-marine ? ; ***¿ hay aquí una escuela de vela ?***, est-ce qu'il y a ici une école de voile ?

● ***Broncearse*** se faire bronzer ; ***ponerse moreno***, bronzer ; ***se ha puesto morena este verano***, elle a bronzé cet été ; ***un bronceador***, un produit solaire (crème, huile…).

Los espectáculos, la corrida | Les spectacles, la corrida

el actor, la actriz	l'acteur, l'actrice
actuar	jouer
el papel	le rôle
hacer el papel de	jouer le rôle de
la función	la séance
la taquilla	le guichet
la entrada	le billet (d'entrée)
la localidad	la place (dans une salle de spectacle)
la butaca (de patio)	le fauteuil (d'orchestre)
el palco	la loge
el programa	le programme
el teatro	le théâtre
el escenario, la escena	la scène (où jouent les acteurs)
el decorado, la decoración	les décors
los bastidores	les coulisses
el telón	le rideau
el espectador	le spectateur
el público	le public
asistir	assister
el cine	le cinéma
la pantalla	l'écran
la sesión	la séance (de cinéma)
la película, el filme	le film
el circo	le cirque
el payaso	le clown
la tauromaquia	la tauromachie
la plaza de toros	les arènes
el ruedo, el redondel	l'arène
los tendidos	les gradins
el toro	le taureau
el torero	le torero
torear	toréer
la lidia	le combat
el aficionado	l'« aficionado »
los aplausos	les applaudissements
aplaudir	applaudir
los pitos	les sifflets
la fiesta	la fête
el tablao	le cabaret flamenco

POUR ALLER PLUS LOIN

- Le mot ***entrada***, littéralement « entrée », a aussi le sens de billet (de spectacle) : ***ya he sacado las entradas para la sesión de las diez de la noche***, j'ai déjà pris les billets pour la séance de 22 heures. Le mot ***localidad*** désigne la place et le billet qui donne droit à l'occuper : ***el precio de las localidades***, le prix des places. L'inscription « ***no hay billetes*** » à la porte d'une salle de spectacles correspond à « complet » en français.
- Dans la langue courante, ***los toros*** (les taureaux) désigne la course de taureaux, la corrida ; ***ir a los toros***, aller voir une corrida. Le ***torero*** qui met à mort le taureau s'appelle ***el matador, el diestro*** ou ***el espada***. Le ***novillero*** est un torero qui combat des taureaux de moins de trois ans ou ***novillos***, au cours d'une corrida appelée ***novillada***.
- ***El estreno*** : la première (d'une pièce de théâtre), la sortie (d'un film).

(Voir chapitres 28-29.)

El deporte

Le sport

El deporte (1) | Le sport (1)

el deportista	le sportif
el club deportivo	le club sportif
hacer deporte	faire du sport
practicar (el baloncesto, etc.)	faire (du basket, etc.)
la competición	la compétition
el campeón	le champion
el campeonato	le championnat
los Juegos Olímpicos (1)	les Jeux olympiques
subir al podio	monter sur le podium
la medalla (2)	la médaille
la copa	la coupe
el récord, la marca	le record
ganar	gagner
derrotar, vencer	battre
el vencedor	le vainqueur
perder (ie)	perdre
la derrota	la défaite
el estadio	le stade
el campo	le terrain
el partido	le match
el árbitro	l'arbitre
el jugador	le joueur
el profesional	le professionnel
el aficionado	l'amateur
el equipo	l'équipe
el fútbol	le football
el futbolista	le footballeur
el balón (3)	le ballon
el portero, el guardameta	le gardien de but
la portería	les buts
marcar un gol	marquer un but
fuera de juego	hors-jeu
el tanteo	le score
el empate	le match nul, l'égalisation
el baloncesto (4)	le basket
el béisbol	le base-ball
el bate	la batte
los seguidores, los hinchas	les supporters, les fans
el dopaje	le dopage
doparse	se doper

POUR ALLER PLUS LOIN

● L'adjectif ***deportivo*** se traduit souvent par « de sport » : ***prendas deportivas***, des vêtements de sport.

● ***Batir un récord*** ou ***batir una marca***, battre un record ; le mot féminin ***marca*** peut avoir le sens de « score » ; ***el récord del mundo***, le record du monde.

● Le néologisme ***balompié*** a été créé, sans grand succès, pour remplacer le mot ***fútbol***. Il s'inspire des mots ***baloncesto***, basket, ***balonmano***, hand-ball, ***balonvolea***, volley-ball (ou, plus couramment, ***voleibol***).

● ***El primer tiempo***, la première mi-temps ; ***el segundo tiempo***, la seconde mi-temps ; ***el descanso*** (littéralement « le repos »), la mi-temps.

¡ Ojo ! *un gol*, un but.

El deporte (2) | *Le sport (2)*

el atleta	l'athlète
el atletismo	l'athlétisme
entrenarse	s'entraîner
el entrenamiento	l'entraînement
el chandal (5)	le survêtement
la gimnasia	la gymnastique
la carrera a pie (6)	la course à pied
el salto (7)	le saut
la lucha	la lutte
el boxeo (8)	la boxe
el judo	le judo
la esgrima	l'escrime
la natación (9)	la natation
el nadador	le nageur
nadar	nager
la piscina	la piscine
el esquí (10)	le ski
el esquiador	le skieur
esquiar, practicar el esquí	skier, faire du ski
el patinaje	le patinage
el hockey sobre hierba, hielo	le hockey sur gazon, glace
el tenis	le tennis
jugar al tenis	jouer au tennis
el tenista	le joueur de tennis
la pista	le court
la raqueta (11)	la raquette
la pelota (12)	la balle
la red	le filet
el servicio, el saque	le service
el golf (13)	le golf
el ciclismo (14)	le cyclisme
el corredor	le coureur
la bicicleta de montaña	le VTT
el paracaidismo	le parachutisme
la equitación (15)	l'équitation
el jinete	le cavalier
el montañismo	l'alpinisme

POUR ALLER PLUS LOIN

- ***La carrera de vallas***, la course de haies ; ***los 100 metros lisos***, le 100 mètres (plat).
- ***El salto de altura, de longitud***, le saut en hauteur, en longueur ; ***el salto con pértiga***, le saut à la perche.
- ***La natación*** : ***los 100 metros libres, espalda, braza, mariposa***, le 100 mètres nage libre, dos, brasse, papillon.
- ***El patinaje sobre hielo, artístico***, le patinage sur glace, artistique ; ***los patines de cuchilla, de ruedas***, les patins à glace, à roulettes.
- ***El tenis*** : ***el revés***, le revers ; ***la volea***, la volée ; ***la subida a la red***, la montée au filet ; ***X derrotó a Y por 6-2, 6-2***, X a battu Y par 6-2, 6-2 ; ***Y fue eliminado en dos sets, en la segunda ronda***, Y a été éliminé en deux sets, au deuxième tour ; ***X se clasificó para la final del torneo***, X s'est classé pour la finale du tournoi.

la opinión
¡un nuevo periódico!
¡a la vanguardia de la comunicación!
¡las mejores fotos!
¡los artículos más objetivos
REVISTA DE PRENSA
REVISTAS
MARILYN
TODAVÍA VIVE
1
2
4

Los medios de comunicación
Les médias

La prensa, la publicidad — La presse, la publicité

comunicar	communiquer
la información, el informe	l'information, le renseignement
informar	informer, renseigner
la noticia	la nouvelle
el acontecimiento, el suceso	l'événement
ocurrir, suceder	arriver, se passer
el rumor	la rumeur, le bruit
la rueda de prensa	la conférence de presse
el periódico	le journal
el diario	le quotidien
un periódico de gran tirada	un journal à gros tirage
el artículo	l'article
publicar	publier
imprimir	imprimer
impreso	imprimé
el periodista (1)	le journaliste
el periodismo	le journalisme
el redactor (2)	le rédacteur
el reportero	le reporter
el reportaje	le reportage
el interviú, la entrevista	l'interview
el comentario	le commentaire
la revista	la revue, le magazine
el tebeo	l'illustré (pour enfants)
la historieta, el cómic	la bande dessinée
la foto	la photo
los anuncios por palabras	les petites annonces
los titulares (3)	les titres, les manchettes
publicitario	publicitaire
un anuncio (publicitario)	une publicité, une pub
el cartel (4)	l'affiche
multimedia	multimédia

POUR ALLER PLUS LOIN

- **L'interview** : l'anglicisme ***interviú*** est à éviter. On emploie de préférence le mot ***la entrevista*** (littéralement l'entrevue) de même que le verbe ***entrevistar*** (interviewer). Un sondage d'opinion se dit ***un sondeo de opinión*** ; une enquête, ***una encuesta*** ; les personnes interrogées, les sondés, ***los encuestados***.
- **La BD** : se traduit par l'anglicisme ***el cómic*** (ou ***el comic***) ou ***la historieta*** (littéralement « l'historiette ») : ***el mundo del cómic, de la historieta***, le monde de la bande dessinée ; ***un globo, un bocadillo***, une bulle ; ***la viñeta***, la vignette.
- **La pub** : ***la publicidad*** (pas d'abréviation familière en espagnol). ***Una valla (publicitaria)***, un panneau publicitaire ; ***un mensaje publicitario***, un message publicitaire ; ***una cuña publicitaria***, une coupure publicitaire ; ***prohibido fijar carteles***, défense d'afficher ; ***mantenerse en cartel***, rester à l'affiche, tenir l'affiche (un spectacle).
- ***Sucesos*** **(au pluriel) a le sens de « faits divers ».**

La radio, la televisión, el vídeo | La radio, la télévision, la vidéo

el locutor, el presentador	le présentateur
el micrófono, el micro	le microphone, le micro
el transistor	le transistor
el radioyente	l'auditeur
la onda	l'onde
el televisor	le téléviseur
la pequeña pantalla	le petit écran
el televidente, el telespectador	le téléspectateur
el mando a distancia	la télécommande
el zapping	le zapping
zapear	zapper
el noticiario, el informativo	le bulletin d'information
las noticias	les informations
el flash informativo	le flash d'information
en directo desde Pamplona	en direct de Pampelune
el programa	le programme
el telediario	le journal télévisé
la telenovela	le feuilleton télévisé
la cadena, el canal	la chaîne (TV)
la antena	l'antenne
enterarse	s'informer, apprendre
el walkman	le baladeur
la cadena estéreo, hi-fi	la chaîne stéréo, hi-fi
el altavoz	le haut-parleur
los auriculares	les écouteurs, le casque
el disco compacto	le disque compact
audiovisual	audiovisuel
la cassette, la casete	la cassette
el cassette, el casete	le lecteur de cassettes
la cinta (5)	la bande
grabar	enregistrer
la grabación	l'enregistrement
el magnetófono (6)	le magnétophone
el magnetoscopio (7)	le magnétoscope
la videocámara, la cámara de vídeo	le Caméscope
la videocasete (8)	la cassette vidéo

POUR ALLER PLUS LOIN

- Le sigle ***TV*** est usuel en espagnol et ***TVE*** désigne la ***Televisión Española***, monopole d'État. ***Ver la televisión***, regarder la télévision ; ***esta noche ponen una buena película en la tele***, on passe un bon film ce soir à la télé ; ***¿ en qué canal ?*** sur quelle chaîne ? ; ***en la segunda cadena***, sur la deuxième chaîne ; ***este actor ha salido ya por televisión***, cet acteur est déjà passé à la télévision ; ***transmisión vía satélite***, transmission par satellite ; ***la televisión por cable***, la télévision par câble ; ***un programa*** ou ***un espacio televisivo***, un programme télévisuel ; ***el índice de audiencia***, l'indice d'audience.
- **La vidéo** : le mot ***el vídeo*** (la vidéo) est masculin. Il a aussi le sens de « magnétoscope », de « Caméscope », de « cassette vidéo » selon le contexte.

(voir p. 158 sur le vocabulaire de l'informatique)

CONTAMINACIÓN LLUVIA ÁCIDA
RESIDUOS RADIACTIVOS, ¡BASTA!
RESPETEMOS LA CAPA DE OZONO
FRENEMOS EL DETERIORO DEL MEDIO AMBIENTE
FUERA EL TERRORISMO
LAS VÍCTIMAS DE
LA MAREA NEGRA
1
2
MOVIMIENTO ECOLOGISTA

Temas de actualidad
Thèmes d'actualité

El medio ambiente | L'environnement

la ecología	l'écologie
el ecologista	l'écologiste
ecológico	écologique
la contaminación, la polución	la pollution
contaminado	pollué
contaminante	polluant
la catástrofe	la catastrophe
el exterminio	l'extermination
la caza furtiva	le braconnage
las especies en vías de extinción	les espèces en voie de disparition
el agujero en la capa de ozono	le trou dans la couche d'ozone
la biodiversidad	la biodiversité
el ecosistema	l'écosystème
la marea negra	la marée noire
el incendio intencionado	l'incendie volontaire, criminel
la desforestación	la déforestation, le déboisement
la lluvia ácida	les pluies acides
la repoblación forestal	le reboisement
la sequía	la sécheresse
la desertización	la désertification
el efecto invernadero	l'effet de serre
la central nuclear	la centrale nucléaire
la radiactividad	la radioactivité
los residuos radiactivos, tóxicos	les déchets radioactifs, toxiques
envenenar	empoisonner
preservar	préserver
la reserva	la réserve
el salvamento, el rescate	le sauvetage
el reciclaje	le recyclage
reciclar	recycler
el papel reciclado	le papier recyclé
biodegradable	biodégradable
las pintadas (1)	les graffiti, les bombages

POUR ALLER PLUS LOIN

- Les mots ci-dessus sont couramment employés par les « verts » (***los verdes***) espagnols.
- L'Espagne compte 12 ***Parques nacionales***, dont ceux de Doñana (Huelva) et de Daimel (Ciudad Real), importantes réserves d'oiseaux aquatiques.
- ***Una reserva integral***, une réserve intégrale ; ***un coto (de caza)***, une chasse réservée.

Un sigle : ***ICONA : Instituto nacional para la Conservación de la Naturaleza***.
Une phrase : ***A finales de abril (el día 26) de 1986, la central nuclear soviética de Chernobil sufrió un accidente que causó muchas víctimas entre los habitantes de la zona.***
Un titre : ***El mar, ¿ un inmenso basurero ?***, La mer, un immense dépotoir ?
Trois recommandations : ***cuide la naturaleza***, prenez soin de la nature ; ***no malgaste energía***, ne gaspillez pas l'énergie ; ***ahorre agua***, économisez l'eau.

Fenómenos y problemas sociales | *Phénomènes et problèmes sociaux*

el subdesarrollo	le sous-développement
subdesarrollado	sous-développé
la superpoblación	le surpeuplement, la surpopulation
el hambre	la faim ; la famine
el paro, el desempleo	le chômage
el trabajo negro	le travail au noir
el pluriempleo	le cumul d'emplois
el terrorismo	le terrorisme
el terrorista	le terroriste
la violencia	la violence
la inseguridad ciudadana	l'insécurité urbaine
el estrés	le stress
el aborto	l'avortement
la eutanasia	l'euthanasie
la prostitución	la prostitution
el acoso sexual	le harcèlement sexuel
el sida	le sida
el racismo	le racisme
racista	raciste
el sexismo	le sexisme
el machismo	le machisme
machista	machiste, macho, phallocrate
el feminismo (2)	le féminisme
feminista	féministe
la droga (blanda, dura)	la drogue (douce, dure)
la toxicomanía, la drogadicción	la toxicomanie
el drogadicto	le drogué
drogarse	se droguer
la sobredosis	l'overdose
el narcotráfico	le trafic de drogue
el narcotraficante	le narcotrafiquant
el traficante	le trafiquant
el tabaquismo	le tabagisme
el alcoolismo (3)	l'alcoolisme
los marginados	les marginaux
el okupa	le squatteur
los sin techos	les sans-abri

POUR ALLER PLUS LOIN

● ***La planificación familiar y el aborto***, le planning familial et l'avortement ; ***la Ley del Aborto de 1985***, la loi sur l'avortement de 1985 ; ***la interrupción voluntaria del embarazo***, l'interruption volontaire de grossesse ; ***la anticoncepción***, la contraception ; ***los anticonceptivos***, les contraceptifs ; ***la píldora***, la pilule ; ***el DIU (dispositivo intrauterino)***, le stérilet ; ***el preservativo***, le préservatif.

● Le mot ***machismo***, francisé en « machisme », dérive de l'adjectif (et substantif) ***macho***, qui signifie « mâle », « de sexe masculin » : ***el macho y la hembra***, le mâle et la femelle ; ***el macho cabrío***, le bouc. L'idéologie « machiste » est particulièrement répandue en Amérique latine.

¡ Ojo ! ***un camello*** est un « chameau » mais aussi un… « dealer ».
(voir p. 113 et 167)

3
2

« O SANCTA SIMPLICITAS » !!
?
1
4
5
6

El habla | La parole

la voz, las voces	la voix, les voix
en voz alta, baja	à voix haute, basse
la palabra	le mot ; la parole
la lengua, el idioma	la langue
el lenguaje	le langage
decir (i)	dire
el grito	le cri
gritar	crier
el acento	l'accent
la pronunciación	la prononciation
pronunciar	prononcer
el tono	le ton
la expresión	l'expression
expresar, expresarse	exprimer, s'exprimer
chapurrear	baragouiner
la palabrota, el taco	le gros mot
el chiste	le bon mot, l'histoire drôle
la broma	la plaisanterie, la blague
el humor, el humorismo	l'humour
humorístico	humoristique
la ironía	l'ironie
irónico (1)	ironique
charlatán, parlanchín	bavard
la soltura	l'aisance
el silencio	le silence
silencioso	silencieux
callarse, callar	se taire
el secreto	le secret
¡ punto en boca !	motus, bouche cousue !
mudo	muet

POUR ALLER PLUS LOIN

- Rappelez-vous qu'on tutoie plus volontiers dans les pays de langue espagnole qu'en France. L'équivalent du « vous » de politesse français, ***usted*** (au pluriel ***ustedes***), est la contraction de la formule un peu solennelle ***Vuestra Merced***, Votre Grâce. Cette origine du vouvoiement espagnol explique que les hispanophones préfèrent souvent le tutoiement.
- ***Una palabra*** veut dire « un mot » : ***una palabra malsonante***, un mot grossier. Le terme ***voz*** (voix) peut avoir également ce sens : ***una voz culta***, un mot savant. ***Palabra*** peut aussi signifier « parole » ; ***pedir la palabra***, demander la parole. Le mot ***el habla*** veut dire « la parole », dans le sens de faculté de parler, « la langue » (***países de habla inglesa***, pays de langue anglaise) ou « le langage » (voir p. 148).
- Les mots ***lengua*** et ***idioma*** ont le même sens de langue (parlée dans un pays). Mais on dira ***la lengua materna***, la langue maternelle ; ***las lenguas vivas, muertas,*** les langues vivantes, mortes. ***El idioma*** s'applique de préférence aux langues modernes : ***Francisca habla tres idiomas***, Françoise parle trois langues.

Un refrán : ***quien calla otorga***, qui ne dit mot consent.

La conversación | *La conversation*

charlar	bavarder
conversar (2)	converser, causer
contar (ue) (3)	raconter, conter
la pregunta	la question
hacer una pregunta	poser une question
preguntar (4)	demander (interroger)
informarse	se renseigner
la contestación, la respuesta	la réponse
contestar, responder	répondre
entender (ie)	comprendre
el ruego	la prière
rogar (ue) (5)	prier
suplicar	supplier
la discusión	la discussion
discutir	discuter
el diálogo	le dialogue
la explicación	l'explication
explicar	expliquer
se trata de…	il s'agit de…
afirmar	affirmer
asegurar	assurer
vacilar	hésiter
el comentario	le commentaire
comentar	commenter
el tópico	le lieu commun, le cliché
la alusión	l'allusion
aludir a	faire allusion à
me suena este apellido	ce nom me dit quelque chose
todo eso suena a mentira	tout ça sent le mensonge

POUR ALLER PLUS LOIN

Dos refranes : ***en boca cerrada no entran moscas*** et ***por la boca muere el pez***. En français : « la parole est d'argent mais le silence est d'or » (ou « trop parler nuit »).

● ***hablo muy poco español***, je parle très peu l'espagnol ; ***no entiendo***, je ne comprends pas ; ***hable más despacio, por favor***, parlez plus lentement, s'il vous plaît ; ***Montserrat habla francés perfectamente***, Montserrat parle parfaitement le français. Et trois expressions usuelles : ***hablar por los codos***, parler sans arrêt, être un vrai moulin à paroles ; ***¡ ni hablar !***, pas question ! ; ***no tener pelos en la lengua***, ne pas mâcher ses mots, avoir son franc-parler.

● Le verbe ***rogar*** (prier) se construit avec le subjonctif : ***te ruego que (te) calles***, je te prie de te taire ; ***le ruego que me escuche***, je vous prie de m'écouter ; ***rogamos contesten rápidamente***, nous vous prions, prière de nous répondre rapidement. ***Haga el favor de esperar un momento***, veuillez avoir l'obligeance d'attendre un instant ; ***me haces el favor de traerme…***, veux-tu m'apportez, s'il te plaît, sois gentil de m'apporter… ; ***puede usted decirme…***, pouvez-vous me dire… ; ***sírvase entrar***, veuillez entrer.

El lenguaje | *Le langage*

advertir (ie, i)	faire remarquer, signaler
señalar	signaler
indicar	indiquer
llamar	appeler
evocar	évoquer
la sugerencia	la suggestion
sugerir (ie, i)	suggérer
citar (6)	citer
referirse (ie, i) a…	se référer à, parler de…
recalcar	insister, souligner
subrayar	souligner
poner de relieve	mettre en relief
insistir	insister
repetir (i)	répéter
exagerar	exagérer
el resumen	le résumé
resumir	résumer
la promesa	la promesse
prometer	promettre
la crítica	la critique
criticar	critiquer
la comparación	la comparaison
comparar	comparer
el sinónimo	le synonyme
la traducción	la traduction
el traductor	le traducteur
traducir al…	traduire en…
el intérprete	l'interprète

POUR ALLER PLUS LOIN

- ***Llamar al pan pan y al vino vino***, appeler un chat un chat, appeler les choses par leur nom.
- ***Los hispanohablantes***, les hispanophones : rappelons que plus de 320 millions de personnes parlent l'espagnol dans le monde dont près de 280 en Amérique (presque 30 millions aux États-Unis).
- Attention aux prépositions : ***por lo que se refiere a…***, en ce qui concerne… ; ***traducir del francés al castellano***, traduire du français en espagnol.
- Pour les noms de langues, se reporter au chapitre 31, où sont donnés les noms des habitants des principaux pays : il suffit de remplacer l'article ***un*** par ***el*** : ***el español*** (ou ***el castellano***), l'espagnol ; ***el catalán***, le catalan ; ***el vasco*** (ou ***el vascuence***), le basque ; ***el francés***, le français ; ***el inglés***, l'anglais, etc.

Escribir
Écrire

La lengua escrita | *La langue écrite*

el alfabeto	l'alphabet
la letra (1)	la lettre
la palabra, el vocablo	le mot
el término	le terme
el sentido	le sens
el significado	la signification, le sens
significar	signifier, vouloir dire
el nombre	le nom (le substantif)
masculino	masculin
femenino	féminin
el verbo	le verbe
el sustantivo	le substantif
el adjetivo	l'adjectif
la frase	la phrase
el modismo	l'idiotisme
el vocabulario	le vocabulaire
el diccionario	le dictionnaire
el léxico	le lexique
la ortografía	l'orthographe
la gramática	la grammaire
el punto	le point
la coma	la virgule
el paréntesis	la parenthèse
el acento	l'accent
la tilde	le tilde ; l'accent
la lectura	la lecture
leer	lire
el lector	le lecteur
el libro (2)	le livre
el título (3)	le titre
la página (4)	la page
el capítulo	le chapitre
el párrafo (5)	le paragraphe
la biblioteca (6)	la bibliothèque

POUR ALLER PLUS LOIN

¡ Ojo ! Le participe passé d'***escribir*** (écrire) est ***escrito***. ***Un escrito***, un écrit ; ***por escrito***, par écrit.

● ***Un vocablo***, un mot, un vocable ; ***jugar del vocablo***, jouer sur les mots ; ***hacer juegos de palabras***, faire des jeux de mots. ***Una oración***, une prière, mais aussi une phrase, une proposition.

● ***Los signos de puntuación***. Outre ceux de la liste ci-dessus, notez : ***punto y coma*** (;), ***dos puntos*** (:), ***puntos suspensivos*** (…), ***guión*** (-), ***dos rayas*** (=), ***signos de interrogación*** (¿ ?), ***de admiración*** (¡ !) et ***poner entre paréntesis, entre comillas***, mettre entre parenthèses, entre guillemets.

● Dans une lettre, les formules de salutation sont toujours suivies de deux points. ***Muy señor mío :*** ou ***Estimado señor :, Distinguida señora :, Querido Luis :, Querida Ana :***.
Quelques formules finales : ***Atentamente*** ou ***Atentos saludos***, Sincères salutations ; ***Cordialmente***, Cordialement ; ***Un abrazo*** ou ***Un fuerte abrazo***, Mes amitiés, Bien cordialement, Sentiments affectueux, selon le destinataire.

La literatura | *La littérature*

literario	littéraire
el escritor, la escritora (7)	l'écrivain
el autor, la autora	l'auteur
la obra	l'œuvre ; la pièce de théâtre
el estilo	le style
la poesía	la poésie
el poema (8)	le poème
el poeta, la poetisa	le poète, la poétesse
poético	poétique
lírico	lyrique
el verso	le vers
la prosa	la prose
la novela (9)	le roman
el, la novelista	le romancier, la romancière
el cuento	lc contc, la nouvelle
el relato	le récit

la leyenda	la légende
el ensayo	l'essai
el texto	le texte
la descripción	la description
describir	décrire
contar (ue)	conter, raconter
el personaje	le personnage
el refrán	le proverbe
la tragedia (10)	la tragédie
trágico	tragique
la comedia (11)	la comédie
cómico	comique
el drama	le drame
dramático	dramatique
fantástico	fantastique
romántico	romantique
satírico	satirique
culto	savant
popular	populaire

POUR ALLER PLUS LOIN

- Le mot ***obra*** signifie « œuvre » (littéraire, artistique) : ***la obra de Cervantes***, l'œuvre de Cervantès ; ***obra*** a aussi le sens d'« ouvrage » (livre) : ***he leído varias obras de este escritor***, j'ai lu plusieurs ouvrages de cet écrivain ; ***obra teatral*** signifie « pièce de théâtre » : ***representar una obra (una pieza) de Brecht***, jouer une pièce de Brecht.

- Le mot ***cuento*** s'applique à tout récit d'imagination relativement court. Jusque vers le XVIIe siècle, le terme ***novela***, d'origine italienne, désignait ce genre de récit (avant de prendre le sens actuel de « roman »), et ***novela corta*** (littéralement « roman court ») celui de « nouvelle ».
Aujourd'hui, selon le cas, ***un cuento*** signifie « un conte » (***un cuento de hadas***, un conte de fées ; ***los cuentos de Grimm***, les contes de Grimm) ou « une nouvelle » (***un cuento de Gabriel García Márquez***, une nouvelle de G. García Márquez).
Una novela picaresca, un roman picaresque ; ***una novela de ciencia ficción***, un roman de science-fiction ; ***una novela policíaca***, un roman policier.

19
14
15
12
18
10
13
7
16

El arte
L'art

Las artes plásticas | *Les arts plastiques*

el artista	l'artiste
artístico	artistique
las bellas artes	les beaux-arts
la obra de arte	l'œuvre d'art
la obra maestra	le chef-d'œuvre
la exposición	l'exposition
el museo	le musée
la galería de arte	la galerie d'art, la galerie de tableaux
el dibujo, un dibujo	le dessin, un dessin
dibujar	dessiner
la pintura (1)	la peinture
pintar	peindre
el pintor (2)	le peintre
el color	la couleur
el pincel (3)	le pinceau
la paleta	la palette
el modelo (4)	le modèle
el cuadro	le tableau
el marco (5)	le cadre
el retrato (6)	le portrait
el bodegón (7)	la nature morte
el paisaje (8)	le paysage
el grabado, un grabado	la gravure, une gravure
un aguafuerte	une eau-forte
la escultura, una escultura	la sculpture, une sculpture
el escultor	le sculpteur
la estatua (9)	la statue
un bronce	un bronze
la imagen (*pl.* **imágenes**)	l'image ; la statue (religieuse)
el capitel	le chapiteau
la alfarería	la poterie
la cerámica	la céramique
la arquitectura	l'architecture

POUR ALLER PLUS LOIN

- ***Dibujar a lápiz, con tinta china***, dessiner au crayon, à l'encre de Chine ; ***pintar al óleo, a la acuarela***, peindre à l'huile, à l'aquarelle ; ***pintar del natural***, peindre d'après nature ; ***una pincelada***, un coup de pinceau, une touche.
- Le mot ***diseño*** s'applique, en particulier, au dessin industriel, de mode, au design ; ***un diseñador***, un dessinateur, un styliste.

¡ Ojo ! ***un cuadro*** veut dire « un tableau », et non « un cadre », qui se dit ***un marco*** ; ***un cuadro abstracto***, un tableau abstrait. Au figuré : ***en el marco de…***, dans le cadre de…

- Comme le français « toile », les mots ***lienzo*** et ***tela*** désignent le tissu ou l'œuvre peinte sur ce support : ***un lienzo, una tela de Dalí***, une toile de Dalí ; ***un óleo sobre lienzo***, une huile sur toile.
- ***Un autorretrato***, **un autoportrait (attention au *r* double !).**

El arte, la belleza | *L'art, la beauté*

la belleza	la beauté	**la gracia**	la grâce
hermoso	beau	**abstracto**	abstrait
feo	laid	**figurativo**	figuratif
bonito	joli	**realista**	réaliste
precioso	ravissant	**el estilo románico**	le style roman
magnífico	magnifique	**gótico**	gothique
maravilloso	merveilleux	**clásico**	classique
una maravilla	une merveille	**barroco**	baroque
estético	esthétique	**plateresco**	plateresque
pintoresco	pittoresque	**moderno**	moderne
ideal	idéal	**contemporáneo**	contemporain
vistoso	voyant	**representar**	représenter
chillón	criard	**imitar**	imiter
horrible	horrible	**copiar**	copier

POUR ALLER PLUS LOIN

- Pour rendre l'idée du « beau » : ***la belleza, la hermosura***, la beauté ; ***una belleza***, une beauté ; ***el culto a lo bello***, le culte du beau ; ***el bello sexo***, le beau sexe. Les mots ***la belleza*** et ***bello*** appartiennent à la langue soignée, ***la hermosura*** et ***hermoso*** à la langue courante. Remarquez la place de l'adjectif dans ***un paisaje hermoso***, un beau paysage, ***un objeto hermoso***, un bel objet (voir aussi p. 18).
- L'art ***mozárabe*** s'est développé en Espagne pendant la domination musulmane, l'art ***mudéjar*** après la reconquête chrétienne ; l'un comme l'autre se caractérisent par l'influence de l'art islamique. Les monuments de style ***plateresco*** (XVIe s.) rappellent, par leur décor chargé, des œuvres d'orfèvrerie (de ***platero***, orfèvre, dérivé de ***la plata***, l'argent) ; le style ***churrigueresco*** (des frères Churriguera, XVIIIe s) se distingue par son baroquisme, sa profusion ornementale, qu'on retrouve dans l'art de l'Amérique coloniale.
- On donne le nom de ***muralismo*** à un courant artistique du XXe siècle qui s'est développé spécialement au Mexique avec les peintres Orozco, Rivera, Siqueiros, auteurs de grandes peintures murales sur des thèmes populaires ou révolutionnaires. ***Un mural***, une peinture murale.

La música, el canto | La musique, le chant

el instrumento músico	l'instrument de musique
un instrumento de cuerda, de viento	un instrument à cordes, à vent
tocar el piano, la flauta…	jouer du piano, de la flûte…
la nota	la note
la clave de sol	la clé de sol
el sonido	le son
el ritmo	le rythme
la melodía	la mélodie
el piano	le piano
el violín (10)	le violon
la guitarra (11)	la guitare
el arpa *(f.)*	la harpe
la flauta (12)	la flûte
el tambor	le tambour
la batería	la batterie
el órgano	l'orgue
la pandereta (13)	le tambour de basque
las castañuelas	les castagnettes
la gaita	la cornemuse
la orquesta	l'orchestre
el jefe de orquesta	le chef d'orchestre
el músico (14)	le musicien
interpretar	interpréter
el concierto	le concert ; le concerto
la sonata	la sonate
cantar	chanter
el cantante	le chanteur
la canción	la chanson
la ópera	l'opéra
el coro	le chœur
el cante flamenco	le flamenco
la copla	le couplet
la canción de cuna	la berceuse
el villancico	le noël

POUR ALLER PLUS LOIN

¡ Ojo ! Le verbe ***tocar*** (toucher) suivi du nom d'un instrument signifie jouer de cet instrument. Suivi du nom d'un morceau de musique, il veut dire jouer ce morceau : ***tocar un vals***, jouer une valse.

- L'expression ***la España de pandereta*** (littéralement l'Espagne de tambour de basque) désigne une Espagne folklorique, comme l'imaginent souvent les étrangers à travers certains clichés (les castagnettes, le fier hidalgo, la belle Andalouse, etc.).
- ***La letra de una canción***, les paroles d'une chanson.
- ***Ir al concierto***, aller au concert ; ***un concierto de música sinfónica***, ***de jazz***, un concert de musique symphonique, de jazz ; ***un concierto para piano, para violín, para violoncelo***, un concerto pour piano, pour violon, pour violoncelle ; ***Conciertos de Brandeburgo*** (Bach), Concertos brandebourgeois.
- ***Una zarzuela*** est une sorte d'opérette typiquement espagnole. Une opérette (d'Offenbach, etc.) se dit ***una opereta***.

La fotografía, el cine | *La photographie, le cinéma*

una foto	une photo
el fotógrafo	le photographe
la cámara fotográfica (15)	l'appareil photo
el carrete (16)	le rouleau de pellicule
la película, el filme	le film
la película muda	le film muet
la película de terror	le film d'épouvante
el largometraje	le long-métrage
el cortometraje, el corto	le court-métrage
el documental	le documentaire
los dibujos animados	les dessins animés
el cineasta	le cinéaste
el realizador (17)	le réalisateur, le metteur en scène
el productor	le producteur
el guión	le scénario
el guionista	le scénariste
el protagonista (18)	l'acteur principal, le protagoniste
la cámara (19) **(numérica)**	la caméra (numérique)
el cámara	le cadreur
rodar (ue) una película	tourner un film
el rodaje	le tournage
el montaje	le montage
el doblaje	le doublage
el estudio (cinematográfico)	le studio
el plató	le plateau
llevar una novela a la pantalla	porter un roman à l'écran
proyectar	projeter
el estreno	la sortie (d'un film)
estrenar	projeter pour la première fois
el festival de cine	le festival de cinéma
el cineclub	le ciné-club

POUR ALLER PLUS LOIN

- ***Hacer, sacar una foto***, faire une photo, prendre une photo ; ***siéntate aquí que te voy a sacar una foto***, assieds-toi ici, je vais te prendre en photo ; ***hazme una foto***, prends-moi en photo. ***Retratar a alguien***, faire le portrait de quelqu'un a aussi le sens de photographier quelqu'un.
- Petit vocabulaire technique : ***el objetivo***, l'objectif ; ***el diafragma***, le diaphragme ; ***el filtro***, le filtre ; ***el disparador***, le déclencheur ; ***el flash***, le flash ; ***el enfoque***, la mise au point ; ***la distancia focal***, la distance focale ; ***la profundidad de campo***, la profondeur de champ.
- Un « western » se dit ***una película del Oeste***, littéralement un film de l'Ouest.
- ***Cuatro películas famosas***, quatre films célèbres : ***El acorazado Potemkin***, *Le Cuirassé Potemkine* ; ***La quimera del oro***, *La Ruée vers l'or* ; ***Lo que el viento se llevó***, *Autant en emporte le vent* ; ***Cuidadano Kane***, *Citizen Kane*.

30

Ciencias y técnicas

Sciences et techniques

Ciencias y técnicas (1) | *Sciences et techniques (1)*

el científico (1)	le scientifique, le savant
las matemáticas	les mathématiques
la física	la physique
la química	la chimie
el problema	le problème
el cálculo	le calcul
calcular	calculer
la investigación	la recherche
el investigador	le chercheur
el experimento (2)	l'expérience (scientifique)
científico	scientifique
la hipótesis	l'hypothèse
observar	observer
analizar	analyser
el análisis	l'analyse
comprobar (ue)	vérifier
la prueba	la preuve
probar (ue)	prouver
el teorema	le théorème
controlar	contrôler
resolver (ue)	résoudre
la solución	la solution
el descubrimiento	la découverte
descubrir	découvrir
el invento	l'invention
inventar	inventer
el progreso	le progrès
el método	la méthode
el sistema	le système
la teoría	la théorie
la ley	la loi
el dato	la donnée
la lógica	la logique
lógico	logique
la biología	la biologie
la genética	la génétique
el genoma humano	le génome humain
la clonación	le clonage
clonar	cloner
el clon	le clone

POUR ALLER PLUS LOIN

● Ne pas confondre ***un experimento***, une expérience (de chimie, etc.) et ***la experiencia*** (connaissance acquise par la pratique).

● Le mot ***prueba*** a le sens de preuve (***la prueba del nueve***, la preuve par neuf) mais aussi celui d'essai, d'expérience (***banco de pruebas***, banc d'essai) et d'épreuve.

¡ Ojo ! Le verbe ***resolver*** a un participe passé irrégulier : ***resuelto*** ; ***todavía no he resuelto el problema***, je n'ai pas encore résolu le problème.

● Le verbe ***descubrir*** a aussi un participe passé irrégulier : ***descubierto*** ; ***la radiactividad fue descubierta en 1896***, la radioactivité a été découverte en 1896. « Une découverte » se dit ***un descubrimiento*** ; « une invention » est aussi du masculin en espagnol : ***un nuevo invento***, une nouvelle invention. Mais on dira, par exemple, ***la invención del teléfono***, l'invention du téléphone.

Ciencias y técnicas (2), Internet | *Sciences et techniques (2), Internet*

el técnico	le technicien
la tecnología	la technologie
la electrónica	l'électronique
la informática	l'informatique
la microinformática	la micro-informatique
el ordenador (3) **(portátil)**	l'ordinateur (portable)
el microordenador	le micro-ordinateur
la calculadora (4)	la calculatrice
el chip	la puce
el teclado (5)	le clavier
la pantalla (6)	l'écran
el ratón	la souris
hacer clic	cliquer
el disquete	la disquette
el software	le logiciel
la base de datos	la base de données
la impresora (7)	l'imprimante
el laboratorio	le laboratoire
el microscopio (8)	le microscope

el aparato	l'appareil
funcionar	fonctionner
el atomo	l'atome
la molécula	la molécule
el reactor nuclear	le réacteur nucléaire
la energía atómica, nuclear	l'énergie atomique, nucléaire
la radiactividad	la radioactivité
radiactivo	radioactif
el cohete	la fusée
el satélite artificial	le satellite artificiel
la nave espacial	le vaisseau spatial
el trasbordador espacial	la navette spatiale
el astronauta	l'astronaute
poner en órbita	mettre sur orbite
el telescopio	le télescope
la fibra óptica	la fibre optique
el láser	le laser
el escáner	le scanner

POUR ALLER PLUS LOIN

- ***Las tecnologías punta***, les technologies de pointe. La locution « de pointe » se traduit par ***punta***, invariable : ***velocidad punta***, vitesse de pointe ; ***las horas punta***, les heures de pointe.
- ***El ordenador***, l'ordinateur. Les mots ***el computador*** ou ***la computadora***, calqués sur l'anglais, s'emploient aussi pour « ordinateur ».
Una tarjeta con chip, une carte à puce.
- ***La cibernética*** : on retrouve le ***i*** en espagnol dans tous les mots de la même famille : ***cibernauta***, ***ciberespacio***, ***cibercafé***, etc.
- ***Internet : navegar por Internet***, surfer sur Internet ; ***la red***, le réseau ; ***la web***, le web, la toile ; ***el sitio web***, le site web ; ***conectarse***, se connecter ; ***el portal***, le portail ; ***el hipertexto***, l'hypertexte ; ***el correo electrónico***, le courrier électronique (voir aussi p. 137).

La política
La politique

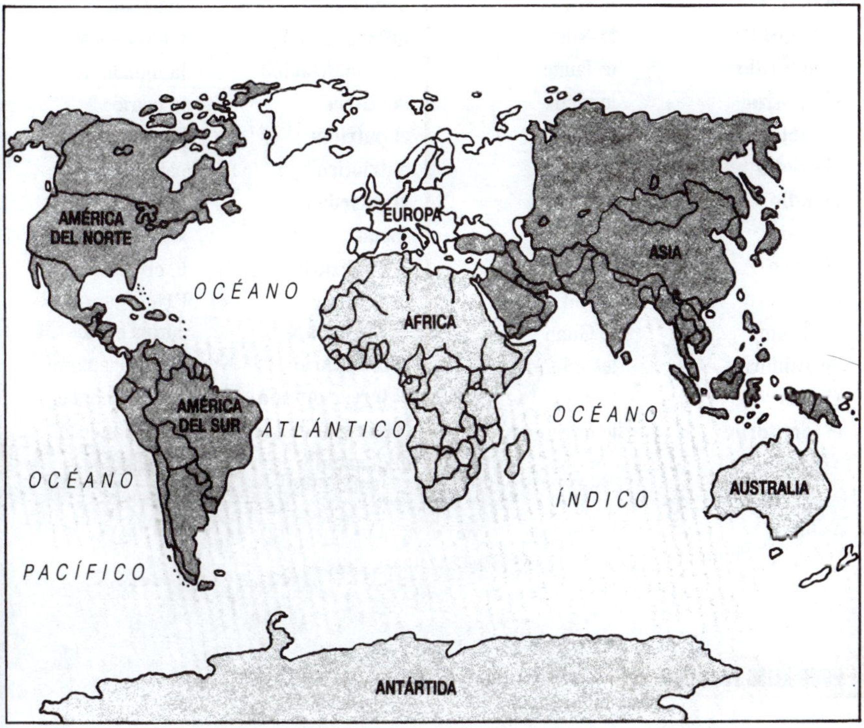

Los pueblos, la historia | Les peuples, l'histoire

la humanidad	l'humanité	**la frontera**	la frontière
los derechos humanos	les droits de l'homme	**la provincia**	la province
la raza	la race	**la población**	la population ; le peuplement
el racismo	le racisme	**la nación**	la nation
racial	racial	**la nacionalidad**	la nationalité
el blanco	le Blanc	**nacional**	national
el negro	le Noir	**internacional**	international
el amarillo	le Jaune	**la globalización**	la mondialisation
el mestizo	le métis	**la patria**	la patrie
el mulato	le mulâtre	**el patriota**	le patriote
el criollo	le créole	**patriótico**	patriotique
el indio	l'Indien	**la sociedad**	la société
el árabe	l'Arabe	**social**	social
el moro	le Maure	**la civilización**	la civilisation
el judío	le Juif	**la Unión Europea**	l'Union européenne
el gitano	le Gitan	**comunitario**	communautaire
las minorías	les minorités	**el tercer mundo**	le tiers-monde
el país	le pays	**tercermundista**	tiers-mondiste
el territorio	le territoire	**el genocidio**	le génocide

POUR ALLER PLUS LOIN

- ***Los negros de África***, les Noirs d'Afrique (pas de ***n*** majuscule en espagnol).
- En Amérique, ***un criollo*** (adjectif et substantif) se dit d'une personne d'ascendance européenne. Ce mot s'applique par ailleurs à tout ce qui est autochtone, national, par opposition à ce qui est étranger : ***un plato criollo***, un plat typique ; ***una costumbre criolla***, une coutume typiquement argentine, uruguayenne, etc. La traduction de ce mot par « créole » ne convient donc pas toujours.
- L'adjectif ***comunitario*** s'applique spécialement à ce qui a trait à l'UE, comme en français « communautaire » : ***la legislación comunitaria***, la législation communautaire.
- ***La piel de toro*** (la peau de taureau) : l'Espagne (comme on dit l'Hexagone pour la France), en raison de sa forme comparable à celle d'une peau de taureau tendue.

El Estado, el gobierno | *L'État, le gouvernement*

el regimen (*pl.* los regímenes)	le régime
político	politique
el político	l'homme politique
el poder	le pouvoir
poderoso	puissant
la bandera	le drapeau
la corona	la couronne
el rey, la reina	le roi, la reine
el reinado	le règne
el reino	le royaume
reinar	régner
real	royal
el palacio	le palais
el príncipe, la princesa	le prince, la princesse
la nobleza	la noblesse
noble	noble
la democracia	la démocratie
la república	la république
el presidente	le président
la asamblea	l'assemblée
las Cortes	le Parlement
el diputado	le député
el ministro	le ministre
el ministerio	le ministère
gobernar (ie)	gouverner
la Constitución	la Constitution
la dictadura	la dictature
el dictador	le dictateur
el cacique	le cacique
el embajador	l'ambassadeur
la embajada	l'ambassade
el diplomático	le diplomate

POUR ALLER PLUS LOIN

- ***Las Cortes*** : ce mot (pluriel de ***la corte***, la cour) désigne le Parlement (***el Parlamento***) espagnol, c'est-à-dire ***el Senado*** et ***el Congreso de los Diputados***. ***El banco azul*** (« le banc bleu ») est celui des ministres aux ***Cortes***. ***Un escaño*** est un siège de député.
- ***El Gobierno*** : ***el presidente del Gobierno***, le chef du gouvernement, le Premier ministre ; ***el Consejo de Ministros***, le Conseil des ministres ; ***el ministro del Interior***, le ministre de l'Intérieur ; ***de Asuntos exteriores***, des Affaires étrangères ; ***de Educación, Cultura y Deporte***, de l'Éducation, de la Culture et du Sport ; ***de Sanidad***, de la Santé, etc. ***Un ministro sin cartera***, un ministre sans portefeuille.
- ***La Moncloa*** : la résidence du Premier ministre à Madrid (comme Matignon à Paris).
- ***Los Reyes*** : ce pluriel désigne souvent le couple royal espagnol : ***los Reyes inauguraron ayer el nuevo museo***, le roi et la reine ont inauguré hier le nouveau musée.
- Rappelons l'influence prépondérante qu'ont exercé les ***caciques*** (notables locaux) sur la vie politique espagnole au XIXe et au début du XXe siècle, en faisant pression, notamment, sur les électeurs. Le mot ***cacique*** est emprunté à une langue d'Haïti où il désignait un chef indien.

El Estado y el ciudadano | L'État et le citoyen

la elección	l'élection
elegir (i)	élire
el candidato	le candidat
la campaña electoral	la campagne électorale
el voto	le vote
votar	voter
el partido político	le parti politique
el líder	le leader
conservador	conservateur
liberal	libéral
socialista	socialiste
comunista	communiste
el sindicato	le syndicat
el mitin (*pl.* **mítines**)	le meeting
la clase obrera	la classe ouvrière
la burguesía	la bourgeoisie
el emigrante	l'émigrant
la emigración	l'émigration
emigrar	émigrer
el inmigrante (clandestino)	l'immigrant (clandestin)
la inmigración	l'immigration
el refugiado	le réfugié
los solicitantes de asilo	les demandeurs d'asile
la colonia	la colonie
la esclavitud	l'esclavage
el esclavo	l'esclave
la independencia	l'indépendance
la autonomía	l'autonomie
la libertad	la liberté
libre	libre
el rebelde	le rebelle
la rebelión	la rébellion, la révolte
sublevarse, levantarse	se soulever
oponerse	s'opposer
la manifestación, la mani, la manifa	la manifestation, la manif
la guerra civil	la guerre civile
la revolución	la révolution
el golpe de Estado	le coup d'État, le putsch

POUR ALLER PLUS LOIN

- ***Las elecciones***. Remarquez la préposition : ***¿ a quién votar ?***, pour qui voter ? ; ***usted puede votar a cualquier candidato***, vous pouvez voter pour n'importe quel candidat ; ***el derecho al voto***, la droit de vote ; ***12 votos a favor y 8 en contra***, 12 votes pour et 8 contre ; ***la votación secreta***, le vote à bulletin secret ; ***el candidato fue elegido por mayoría absoluta***, le candidat a été élu à la majorité absolue.
- ***La Independencia*** (avec ***I*** majuscule) : nom donné au mouvement d'émancipation des colonies espagnoles d'Amérique (1808-1824).
- Depuis 1983, l'Espagne est divisée en 17 ***Comunidades autónomas*** ou ***Autonomías*** (Communautés autonomes) créées par la Constitution de 1978. Le gouvernement autonome de Catalogne s'appelle ***la Generalitat***.
La Junta de Andalucía, le Conseil régional d'Andalousie.

Principales países, gentilicios | *Principaux pays, leurs habitants*

un español	un Espagnol
un andaluz	un Andalou
un aragonés	un Aragonais
un asturiano	un Asturien
un balear	un Baléare
un canario	un Canarien
un castellano	un Castillan
un catalán	un Catalan
un gallego	un Galicien
un navarro	un Navarrais
un vasco	un Basque
un francés	un Français
un belga	un Belge
un luxemburgués	un Luxembourgeois
un holandés	un Hollandais
un inglés	un Anglais
un alemán	un Allemand
un austriaco	un Autrichien
un suizo	un Suisse
un italiano	un Italien
un griego	un Grec
un portugués	un Portugais
un sueco	un Suédois
un noruego	un Norvégien
un ruso	un Russe
un polaco	un Polonais
un checo	un Tchèque
un eslovaco	un Slovaque
un húngaro	un Hongrois
un rumano	un Roumain
un yugoslavo	un Yougoslave
un turco	un Turc

un chino	un Chinois
un indio	un Indien
un japonés	un Japonais
un filipino	un Philippin
un argelino	un Algérien
un marroquí	un Marocain
un tunecino	un Tunisien
un americano	un Américain
un estadounidense, un norteamericano	un États-unien, un Américain des USA
un canadiense	un Canadien
un argentino	un Argentin
un boliviano	un Bolivien
un brasileño	un Brésilien
un colombiano	un Colombien
un costarriqueño	un Costaricien
un cubano	un Cubain
un dominicano	un Dominicain
un chileno	un Chilien
un ecuatoriano	un Équatorien
un guatemalteco	un Guatémaltèque
un hondureño	un Hondurien
un mexicano	un Mexicain
un nicaragüense	un Nicaraguayen
un panameño	un Panaméen
un paraguayo	un Paraguayen
un peruano	un Péruvien
un salvadoreño	un Salvadorien
un uruguayo	un Uruguayen
un venezolano	un Vénézuélien

POUR ALLER PLUS LOIN

- On remarquera, dans cette liste évidemment non exhaustive, que les noms d'habitants ne portent pas de majuscule en espagnol.
- En espagnol ***EE UU*** est le sigle d'États-Unis (***Estados Unidos***).

La antigua URSS, l'ex-URSS.

(Voir cartes p. 164-165.)

OCÉANO
ATLÁNTICO
FRANCIA
PAÍS
VASCO
(EUSKADI)
CANTABRIA
La Coruña
Oviedo
ASTURIAS
Santiago de C.
GALICIA
Santander
Bilbao
San Sebastián
PIRINEOS
Pamplona
Vitoria
León
NAVARRA
Burgos
Logroño
LA RIOJA
Zaragoza
Gerona Girona
CATALUÑA
Valladolid
Barcelona
CASTILLA Y LEÓN
ARAGÓN
Segovia
Tarragona
Salamanca
MADRID
Ávila
Madrid
COMUNIDAD
VALENCIANA
ISLAS BALEARES
Toledo
PORTUGAL
EXTREMADURA
Valencia
Palma
de Mallorca
LISBOA
CASTILLA-LA MANCHA
Mérida
Ciudad Real
REGIÓN
DE MURCIA
Alicante
MAR
MEDITERRÁNEO
Córdoba
Jaén
Murcia
Sevilla
ANDALUCÍA
Málaga
Granada
Almería
Cádiz
Gibraltar
Melilla
Ceuta
ARGELIA
MARRUECOS
ISLAS CANARIAS
Santa Cruz
de Tenerife
Las Palmas
de Gran
Canaria

ESTADOS UNIDOS
Golfo de México
MÉXICO
México
BELICE
La Habana
CUBA
REP. DOMINICANA
Santo Domingo
JAMAICA
San Juan PUERTO RICO
HONDURAS
Tegucigalpa
HAITÍ
Guatemala
GUATEMALA
NICARAGUA
Managua
mar Caribe
OCÉANO ATLÁNTICO
San Salvador
EL SALVADOR
Caracas
VENEZUELA
GUYANA
SURINAM
GUAYANA (FRANCESA)
San José
COSTA RICA
Panamá
PANAMÁ
Bogotá
COLOMBIA
Is Galápagos
ECUADOR
Quito
Amazonas
OCÉANO PACÍFICO
CORDILLERA DE LOS ANDES
BRASIL
Brasília
Lima
PERÚ
La Paz
BOLIVIA
PARAGUAY
Asunción
Paraná
Santiago
CHILE
Buenos Aires
ARGENTINA
Montevideo
URUGUAY
Tierra del Fuego
ISLAS MALVINAS (Falkland)
Estrecho de Magallanes
Cabo de Hornos

La justicia
La justice

La justicia (1) | La justice (1)

el derecho	le droit
la ley, las leyes	la loi, les lois
justo	juste
injusto	injuste
acusar	accuser
la sospecha	le soupçon
sospechoso	suspect
la culpa	la faute
culpable	coupable
inocente	innocent
el delito	le délit
el ladrón (1)	le voleur
el ratero	le pickpocket
el chorizo *(fam.)*	le voleur
el gamberro	le voyou, le loubard
el robo (2)	le vol
robar	voler
el hurto	le vol, le larcin
el atraco	l'attaque à main armée
atracar	attaquer
el fraude	la fraude
la estafa	l'escroquerie
la corrupción	la corruption
el soborno	le pot-de-vin
la delincuencia	la délinquance
el delincuente	le délinquant
el bandido	le bandit
el asesino	l'assassin, le meurtrier
el asesinato	l'assassinat, le meurtre
el criminal	le criminel
el crimen	le crime
la criminalidad	la criminalité
la violación	le viol
el rapto	l'enlèvement
el secuestro	la prise d'otage
secuestrar	kidnapper
el rehén	l'otage
el chantaje	le chantage
el rescate	la rançon
el terrorismo	le terrorisme
el terrorista	le terroriste
el atentado	l'attentat
el coche bomba	la voiture piégée

POUR ALLER PLUS LOIN

Un refrán : ***la ocasión hace al ladrón***, l'occasion fait le larron. Dans ce proverbe, on remarque que le français emploie le terme vieilli « larron » qui est de même origine latine que le mot ***ladrón*** (voleur, cambrioleur).

● ***El atraco*** (ou ***el asalto***) ***a un banco***, le hold-up d'une banque ; ***atracar a un transeúnte***, attaquer un passant (pour le voler) ; ***el atracador***, le malfaiteur, l'agresseur.

¡ Ojo ! Le verbe ***secuestrar*** signifie, selon son complément, enlever, kidnapper, séquestrer ou prendre en otage (une personne), détourner (un avion), saisir (une publication), confisquer (de la marchandise), mettre sous séquestre (un objet). De même, le mot ***secuestro*** a, suivant le contexte, les sens d'enlèvement, séquestration, détournement d'avion (***secuestro aéreo***), saisie, et ***secuestrador*** ceux de ravisseur ou de pirate de l'air.

La justicia (2) — *La justice (2)*

la Guardia Civil	la gendarmerie
la policía judicial	la police judiciaire
la investigación	l'enquête
el médico forense	le médecin légiste
el tribunal (3)	le tribunal ; la cour
la audiencia	l'audience ; la cour
el juzgado	le tribunal
el juez, los jueces (4)	le juge, les juges
juzgar	juger
el magistrado	le magistrat
el abogado (5)	l'avocat
el testigo	le témoin
la prueba	la preuve
la denuncia, la querella	la plainte
presentar una querella	porter plainte
el proceso, el pleito	le procès
el procesado (6)	l'inculpé
el juicio	le jugement
la sentencia	la sentence ; le jugement
el castigo	la punition, le châtiment
castigar	punir
la multa	l'amende
la condena	la condamnation ; la peine
condenar	condamner
la pena	la peine
detener (ie)	arrêter
la detención	l'arrestation
encerrar (ie)	enfermer
la cárcel, la prisión	la prison
el preso (7)	le prisonnier
el indulto	la grâce
poner en libertad	mettre en liberté, élargir
fugarse, escaparse	s'échapper, s'enfuir
poner pies en polvorosa	prendre la poudre d'escampette

POUR ALLER PLUS LOIN

- La traduction des termes juridiques est parfois délicate en raison des différences des systèmes de législation. Le mot espagnol ***tribunal*** correspond plutôt à « cour » : ***el tribunal de apelación***, la cour d'appel ; ***el Tribunal Supremo***, la Cour suprême.
- Le mot ***investigación*** signifie « recherche » ou « enquête » (comme ***indagación***) : ***una investigación judicial***, une enquête judiciaire. Le verbe correspondant est ***investigar*** : ***la policía investiga las actividades de los terroristas***, la police enquête, mène une enquête sur les activités des terroristes.
- ***La Guardia Civil***, appelée familièrement ***la Benemérita***, correspond à notre gendarmerie. Ses membres, ***los guardias civiles***, étaient reconnaissables à leurs petits tricornes en cuir verni noir.
- ***El ladrón fue detenido por la Guardia Civil***, le voleur a été arrêté par les gendarmes ; ***lo metieron en la cárcel***, on l'a mis en prison ; ***se fugó durante la noche***, il s'est enfui pendant la nuit.

33

La religión

La religion

La religión | *La religion*

religioso	religieux
el cristiano	le chrétien
el católico	le catholique
el protestante	le protestant
el ortodoxo	l'orthodoxe
el judío	le juif
el musulmán	le musulman
islámico	islamique
el budista	le bouddhiste
el dios, la diosa	le dieu, la déesse
Dios	Dieu
divino	divin
el Espíritu Santo	le Saint-Esprit
Jesús, Jesucristo (1)	Jésus, Jésus-Christ
Cristo	le Christ
la cruz (2)	la croix
la Virgen María (3)	la Sainte Vierge
el ángel (4)	l'ange
el paraíso	le paradis
el infierno (5)	l'enfer
el demonio (6)	le démon
el diablo (7)	le diable
el santo (8)	le saint
sagrado	sacré
el alma	l'âme
el misterio	le mystère
el milagro	le miracle
la fe	la foi
la creencia	la croyance
creer	croire
el creyente	le croyant
el ateo	l'athée
el hereje	l'hérétique
la secta	la secte
la esperanza	l'espérance, l'espoir
la resurrección	la résurrection
la eternidad	l'éternité
eterno	éternel

POUR ALLER PLUS LOIN

- **Dieu** : « Le Bon Dieu » se dit ***Dios***, simplement. ***Creo en Dios***, je crois en Dieu ; ***Dios Padre***, Dieu le Père ; ***¡ Dios mío !***, mon Dieu ! ; ***Padre Nuestro que estás en los cielos***, Notre Père qui es aux cieux ; ***el Creador***, le Créateur ; ***el Altísimo***, le Très-Haut. Notez ici le superlatif en ***-ísimo, -ísima***, comme dans ***la Santísima Virgen*** la Très Sainte Vierge.
- **Jésus-Christ** : ***El Niño Jesús***, l'Enfant Jésus ; ***en un decir Jesús*** (ou ***amén***), en un clin d'œil, en moins de deux ; ***en el siglo IV antes de Cristo (a. de C.)***, au IVe siècle avant Jésus-Christ ; ***donde Cristo dio las tres voces***, au diable Vauvert.
- Un saint, ***un santo***. Mais on emploie ***san*** devant le nom du saint (***san Juan***, saint Jean) sauf s'il commence par ***Do*** ou ***To*** : ***santo Tomás***, saint Thomas.
- ***La Biblia***, la Bible ; ***el Evangelio según san Mateo***, l'Évangile selon saint Matthieu ; ***el Corán***, le Coran.

La vida religiosa, el culto — La vie religieuse, le culte

los fieles	les fidèles
el clero	le clergé
el Papa	le pape
el cardenal	le cardinal
el obispo (9)	l'évêque
el sacerdote (10)	le prêtre
el cura	le curé
el monje (11), **la monja** (12)	le moine, la religieuse
la parroquia	la paroisse
la iglesia (13)	l'église
el santuario	le sanctuaire
la capilla	la chapelle
la campana (14)	la cloche
el monasterio	le monastère
el convento	le couvent
el claustro	le cloître
el templo	le temple
la sinagoga	la synagogue
la mezquita	la mosquée
el alminar	le minaret
el altar	l'autel
la oración	la prière
rezar (15)	prier
el rosario (16)	le chapelet
la misa	la messe
celebrar	célébrer
predicar	prêcher
la ceremonia	la cérémonie
solemne	solennel
bautizar	baptiser
la pila bautismal	les fonts baptismaux
bendecir (i) (17)	bénir
el pecado	le péché
confesar (ie)	confesser ; avouer
la peregrinación	le pèlerinage
el peregrino (18)	le pèlerin
la procesión	la procession
Navidad	Noël
la Nochebuena	la nuit de Noël
los Reyes Magos	les Rois Mages
Pascua (de Resurrección)	Pâques

POUR ALLER PLUS LOIN

Un refrán : ***el hábito no hace al monje***, l'habit ne fait pas le moine.
Una expresión : ***ser más papista que el Papa***, être plus royaliste que le roi.

● ***Rezar a Dios***, prier Dieu ; ***rezar por los difuntos***, prier pour les défunts ; ***rezar el Padrenuestro***, réciter le Pater ; ***rezar sus oraciones***, dire ses prières. Ne pas confondre avec ***rogar*** (p. 145).

Ir a misa, aller à la messe ; ***la misa del gallo***, la messe de minuit ; ***pan bendito***, pain béni ; ***agua bendita***, eau bénite ; ***el roscón de Reyes***, la galette des Rois.

● **Noël** : ***el día de Navidad***, le jour de Noël ; ***las Navidades*** ou ***las fiestas navideñas***, les fêtes de Noël ; ***un árbol de Navidad*** ou ***navideño***, un arbre de Noël. Noël peut se traduire aussi par ***las Pascuas de Navidad*** ; ***¡ felices Pascuas !*** Joyeux Noël !

34

Guerra y paz
Guerre et paix

El ejército | L'armée

el soldado (1)	le soldat
el militar	le militaire
el ejército profesional	l'armée de métier
el servicio militar, la mili *(fam.)*	le service militaire
el cuartel	la caserne
la centinela	la sentinelle
el santo y seña	le mot de passe
estar de permiso	être en permission
el paracaidista	la parachutiste
el paraca *(fam.)*	le para
el oficial (2)	l'officier
el general	le général
el uniforme (3)	l'uniforme
las tropas	les troupes
las armas convencionales	les armes conventionnelles
las armas biológicas, químicas	les armes biologiques, chimiques
las minas antipersonas	les mines antipersonnel
el arma nuclear	l'arme nucléaire
el armamento	l'armement
la pistola (4)	le pistolet
el fusil (5)	le fusil (de guerre)
la metralleta	la mitraillette
la ametralladora	la mitrailleuse
disparar	tirer
el cañón (6)	le canon
el carro (de combate)	le char (de combat)
el misil	le missile
la bomba atómica	la bombe atomique
el avión de caza, el caza	l'avion de chasse, le chasseur
el avión de bombardeo (7)	le bombardier
bombardear	bombarder
el helicóptero (8)	l'hélicoptère
el portaaviones	le porte-avions
el submarino	le sous-marin
violento	violent
sangriento, cruento	sanglant
neutral	neutre
pacífico	pacifique
el pacifista	le pacifiste
el objector de conciencia	l'objecteur de conscience
los cascos azules	les casques bleus

POUR ALLER PLUS LOIN

- Le service militaire obligatoire, appelé familièrement ***la mili***, a été supprimé en 2001, lors de la professionnalisation des forces armées.
- ***La carrera de armamentos***, la course aux armements ; ***los ejercicios de tiro***, les exercices de tir ; ***el disparo***, ***el tiro***, le coup de feu ; ***el Cetme***, le fusil d'assaut réglementaire espagnol ; ***la guerra de las galaxias***, la guerre des étoiles.

¡ Ojo ! ***la armada*** : la marine (de guerre), la flotte. Pensez à l'***Invencible Armada*** (1588). Mais on dit aussi ***la marina de guerra***.

Las hostilidades — *Les hostilités*

el enemigo	l'ennemi	**las bajas**	les pertes
el aliado	l'allié	**los daños**	les dégâts
la estrategia	la stratégie	**el bloqueo**	le blocus
estratégico	stratégique	**el toque de queda**	le couvre-feu
el ataque	l'attaque	**el sitio**	le siège
atacar	attaquer	**resistir**	résister
la invasión	l'invasion	**defender (ie)**	défendre
el invasor	l'envahisseur	**la victoria**	la victoire
invadir	envahir	**la derrota**	la défaite
la emboscada	l'embuscade	**derrotar**	battre
la conquista	la conquête	**vencer**	vaincre, battre
el conflicto (bélico)	le conflit (armé)	**el vencedor**	le vainqueur
la batalla	la bataille	**el vencido**	le vaincu
el combate	le combat	**rendirse (i)** (11)	se rendre
la disuasión nuclear	la dissuasion nucléaire	**el alto el fuego**	le cessez-le-feu
luchar, combatir, pelear (9)	se battre	**la tregua**	la trêve
matar	tuer	**el proceso de paz**	le processus de paix
los heridos (10)	les blessés	**el tratado (de paz)**	le traité (de paix)
		el desarme	le désarmement

POUR ALLER PLUS LOIN

- « Le jour J » (fixé pour une opération militaire) se dit ***el día D***.
- ***La Conquista*** se dit spécialement de la conquête du Nouveau Monde par les Espagnols au XVIe siècle. ***Un conquistador***, un conquérant (comme Alexandre le Grand), un conquistador (comme Pizarre).

¡ Ojo ! Le mot espagnol ***guerrilla*** (dont dérive le français guérilla) a deux ***r*** (de même que ***guerrillero***).

- Les verbes ***luchar*** et ***combatir*** signifient se battre, lutter, combattre : ***nuestras tropas lucharon con valor***, nos troupes se sont battues avec courage. ***Pelear*** a également le sens de « se battre » ainsi que celui de « se disputer ». ***Derrotar*** et ***vencer*** signifient battre (un adversaire) ; ***los españoles derrotaron a los franceses en San Quintín en 1557***, les Espagnols ont battu les Français à Saint-Quentin en 1557. Nuance : ***derrotar*** plutôt au cours d'une bataille, ***vencer*** quand un pays est vaincu.

Querer y poder
Vouloir et pouvoir

Querer | Vouloir

la voluntad	la volonté	**la oportunidad, la ocasión**	l'occasion
voluntario	volontaire	**aprovechar**	profiter de
el libre albedrío	le libre arbitre	**proponerse**	se proposer
querer (ie, i)	vouloir	**pretender**	prétendre
desear	désirer	**atreverse a**	oser
el deseo	le désir, le souhait	**tratar de**	essayer de
el propósito	l'intention	**intentar**	tenter de
tener ganas de…	avoir envie de…	**esforzarse (ue) por**	s'efforcer de
pedir (i)	demander	**el esfuerzo**	l'effort
te pido que te calles	je te demande de te taire	**empeñarse en**	s'obstiner à, s'efforcer de
solicitar	demander, solliciter	**hay que (+ infinitif)**	il faut
exigir	exiger	**ser preciso, ser necesario, hacer falta**	falloir, être nécessaire
el proyecto	le projet	**tener (ie) que**	devoir
el plan	le plan, le projet	**la necesidad**	la nécessité
el motivo	le motif	**necesitar**	avoir besoin de
el pretexto	le prétexte	**convenir (ie, i)**	convenir
el riesgo	le risque		
la casualidad	le hasard		

POUR ALLER PLUS LOIN

- Le verbe ***querer*** signifie vouloir (***querer es poder***, vouloir c'est pouvoir) mais aussi aimer (voir p. 179).
- ***Tengo ganas de bailar***, j'ai envie de danser ; ***no tengo ganas de trabajar***, je n'ai pas envie de travailler ; ***no me da la gana de hacerlo***, ça ne me dit rien de le faire ; ***hago lo que me da la gana***, je fais ce qui me plaît, ce que j'ai envie de faire ; ***de buena gana***, de bon gré ; ***de mala gana***, à contrecœur.
- ***¡ Ojalá !*** Cette interjection exprimant un souhait est toujours suivie du subjonctif : ***¡ ojalá no llueva mañana !*** pourvu qu'il ne pleuve pas demain ! ; ***¡ ojalá fuera verdad !*** si seulement c'était vrai !
- **L'obligation** : « il faut » se traduit par ***hay que***, toujours suivi de l'infinitif (***hay que pensar antes de obrar***, il faut réfléchir avant d'agir) ou par ***es preciso, es necesario, es menester, hace falta*** (***hace falta que te decidas***, il faut que tu te décides). ***Tener que*** exprime l'obligation personnelle : ***te tengo que hablar***, il faut que je te parle, je dois te parler.

Poder — *Pouvoir*

poder (ue, u)	pouvoir
posible	possible
la posibilidad	la possibilité
imposible	impossible
fácil	facile
difícil	difficile
sencillo	simple
útil	utile
inútil	inutile
responsable	responsable
la responsabilidad	la responsabilité
el permiso	la permission
permitir	permettre
la decisión	la décision
decidir, decidirse	décider, se décider
la orden	l'ordre (le commandement)
mandar	ordonner, commander
¡ aquí mando yo !	ici c'est moi qui commande !
cumplir	accomplir
el resultado	le résultat
obtener (ie)	obtenir
conseguir (i)	obtenir ; parvenir à, réussir à
todo le sale bien	tout lui réussit
el éxito	le succès
el acierto	la réussite
triunfar	triompher
a mí me toca…	c'est à moi de…, c'est mon tour de…
el obstáculo	l'obstacle
fracasar	échouer
el fracaso	l'échec
renunciar	renoncer
dejar de	cesser de
tirar la toalla	jeter l'éponge
rajarse *(fam.)*	se dégonfler

POUR ALLER PLUS LOIN

● ***Poder*** : ***No puedo decidirme***, je ne peux pas me décider ; ***bien podías habérmelo dicho***, tu aurais bien pu me le dire ; ***puede ser***, ça se peut, c'est possible ; ***el poder***, le pouvoir.

● ***Permitir*** : ***el guardia me ha permitido aparcar aquí***, l'agent m'a permis de me garer ici ; ***permítame que le conteste***, permettez-moi de vous répondre ; ***pedir permiso para…***, demander la permission de… ; ***tener permiso para…***, avoir la permission de…

¡ Ojo ! ***La orden***, l'ordre (le commandement ; l'« ordre religieux ») ; ***el orden*** (le contraire du désordre).

A mí me toca contestar, c'est à moi de répondre ; ***ahora te toca jugar a ti***, c'est ton tour de jouer.

Poner toda la carne en el asador (mot à mot : mettre toute la viande à la broche), mettre le paquet.

36

La vida afectiva

La vie affective

El amor y el odio | *L'amour et la haine*

la pasión	la passion
el sentimiento	le sentiment
sentir (ie, i)	ressentir, éprouver
la amistad	l'amitié
amistoso (1)	amical
el amigo	l'ami
el compañero	le camarade
querer (ie), amar	aimer
el flechazo	le coup de foudre
enamorarse de	tomber amoureux de
enamorado (2)	amoureux
estar chalado por... *(fam.)*	être fou de, en pincer pour...
el cariño	l'affection, la tendresse
cariñoso, afectuoso	affectueux
tomar cariño, afecto a	prendre en affection
la ternura	la tendresse
besar, besarse (3)	embrasser, s'embrasser
el beso	le baiser
el abrazo	l'accolade, l'étreinte
la caricia	la caresse
acariciar	caresser
mimar	gâter, choyer
tener afición a...	avoir un penchant, du goût pour...
la lástima	la pitié
dar lástima	faire pitié
compadecer	plaindre, avoir pitié de
entenderse (ie), llevarse bien	bien s'entendre
odiar	haïr, détester
el desprecio (4)	le mépris
despreciar	mépriser
la riña	la dispute
reñir (i)	se disputer, se fâcher
vengarse	se venger

POUR ALLER PLUS LOIN

- Une ***vidalita*** (chanson populaire d'Argentine et d'Uruguay, d'inspiration amoureuse et souvent triste) : ***Palomita blanca / Vidalita / Con piquito de oro / Ve y dile a mi amante / Vidalita / Que su amor me mata*** : Gentille colombe blanche / ***Vidalita*** / avec ton petit bec en or / va et dis à mon amoureux / ***Vidalita*** / que son amour me tue.
- Remarquez la présence des suffixes diminutifs en ***-ito, -ita*** (voir p. 17) : ils ont ici une valeur affective évidente. Cette valeur doit apparaître, autant que possible, dans les traductions ; ***mi mamita***, ma petite maman chérie ; ***abuelita***, bonne-maman, ma petite mamie, etc.

¡ Ojo ! ***Querer*** appartient à la langue courante (***quiero a mi prima***, j'aime ma cousine), ***amar*** à la langue recherchée et dans le cas de sentiments abstraits : ***amar al prójimo, a la patria***, aimer son prochain, sa patrie.

- « Embrasser », dans le sens de « donner un baiser », se dit ***besar***, et dans celui de « serrer dans ses bras » ***abrazar*** : ***la besó en la boca***, il, elle l'embrassa sur la bouche.

El carácter, el genio | Le caractère

tener buen, mal carácter, genio	avoir bon, mauvais caractère	**nervioso** (5)	nerveux
el ánimo	l'esprit	**valiente**	courageux
amable	aimable	**el valor**	le courage
la amabilidad	l'amabilité	**atrevido**	audacieux
simpático	sympathique	**tímido**	timide
antipático	antipathique	**la timidez**	la timidité
encantador	charmant	**indiferente**	indifférent
cortés, bien educado	poli	**la indiferencia**	l'indifférence
la cortesía	la politesse	**distraído**	distrait
grosero	grossier	**una cabeza de chorlito**	une tête de linotte
sensible	sensible	**envidioso**	envieux
la sensibilidad	la sensibilité	**la envidia**	l'envie
tranquilo, quieto	calme, tranquille	**envidiar**	envier
la calma	le calme	**los celos**	la jalousie
calmarse, serenarse	se calmer	**tener celos de…**	être jaloux de…

POUR ALLER PLUS LOIN

Un refrán

genio y figura hasta la sepultura (mot à mot : caractère et aspect physique jusqu'au tombeau), le loup mourra dans sa peau ; chassez le naturel il revient au galop.

- ***Genio*** : a le sens de « caractère » (***tiene el genio algo pronto***, il, elle a le caractère un peu vif), mais aussi celui de « génie ».
- ***El ánimo*** : l'esprit, surtout comme principe de la vie affective ; ***el estado de ánimo***, l'état d'esprit. À également le sens d'énergie, d'ardeur à entreprendre, de courage : ***levantar el ánimo***, redonner du courage, remonter le moral ; ***¡ ánimo !***, courage ! Mais on dit : ***armarse de valor***, s'armer de courage.
- ***La moral*** : le moral (voir aussi p. 184-185).

Las emociones | *Les émotions*

la emoción	l'émotion
conmover (ue)	émouvoir
la sorpresa	la surprise
sorprender	surprendre
el asombro	l'étonnement
asombrar, extrañar	étonner
la admiración	l'admiration
admirar	admirer
la impresión	l'impression
la esperanza	l'espoir, l'espérance
la ilusión	l'illusion
la desilusión	la désillusion
la decepción, el desengaño	la déception
encantar	enchanter
el placer	le plaisir
el entusiasmo	l'enthousiasme
experimentar	éprouver
disimular	dissimuler
dominarse	se dominer
la confianza	la confiance
el miedo	la peur
miedoso	peureux
el temor	la crainte, la peur
temer	craindre
el susto	la frayeur, la peur
asustar	effrayer, faire peur
temblar (ie)	trembler
la angustia	l'angoisse
la vergüenza	la honte
el disgusto	la contrariété, l'ennui
disgustar	contrarier, déplaire
la preocupación	l'inquiétude, le souci
preocupar	préoccuper, inquiéter
fastidiar	ennuyer
estar harto de...	en avoir assez de…
aburrirse	s'ennuyer
la ira (6)	la colère
enfadarse (7)	se fâcher
furioso	furieux

POUR ALLER PLUS LOIN

- Le mot ***ilusión*** a souvent les sens de rêve, de plaisir ou de joie : ***me hace mucha ilusión***, ça me fait vraiment rêver.
- La peur, ***el miedo*** : ***el miedo al sida***, la peur du sida ; ***tengo miedo a las serpientes, de morirme***, j'ai peur des serpents, de mourir ; ***¡ no te tengo miedo !***, je n'ai pas peur de toi ! ; ***¡ menudo susto me has dado !***, tu m'as fait une de ces peurs !, une sacrée peur ! ; ***temblar como un azogado***, trembler comme une feuille ; ***tener miedo***, ***dar miedo*** : avoir peur, faire peur.
- Le verbe ***fastidiar*** est courant dans la langue familière. ***¡ No fastidies !***, arrête de nous embêter !, la paix ! À la forme pronominale ***¡ fastídiate !***, tant pis pour toi !, va te faire voir ! ***¡ Qué fastidio !***, quelle barbe !, exclamation qu'on peut aussi rendre par ***¡ qué lata !, ¡ vaya una lata !*** L'expression ***dar la lata*** a le sens de casser les pieds, faire suer. Toujours dans le registre familier : ***la conferencia era un rollo***, la conférence était assommante, rasoir.

Alegría y tristeza | Joie et tristesse

la alegría	la joie, la gaieté
alegre	joyeux, gai
la felicidad, la dicha	le bonheur
feliz	heureux
contento	content
satisfecho	satisfait
optimista	optimiste
estar de buen, de mal humor	être de bonne, de mauvaise humeur
la risa	le rire
reír (i)	rire
la sonrisa	le sourire
sonreír (i)	sourire
sonriente	souriant
el bienestar	le bien-être
gozar	jouir
la suerte	la chance
tener potra *(fam.)*	avoir de la veine, du pot
la desgracia	le malheur
desgraciado	malheureux
deprimido	déprimé
pesimista (8)	pessimiste
melancólico	mélancolique
la pena	la peine
el dolor	la douleur
el pesar	le chagrin, le regret
la pesadumbre	le chagrin, la peine
la nostalgia, la añoranza	la nostalgie
el remordimiento	le remords
triste	triste
llorar (9)	pleurer
la lágrima	la larme
el sollozo	le sanglot
sollozar	sangloter
el suspiro	le soupir
suspirar	soupirer
la queja	la plainte
quejarse	se plaindre
el gesto (10)	la grimace

POUR ALLER PLUS LOIN

- ***Ser*** ou ***estar*** devant l'adjectif ? ***Ser*** exprime une caractéristique essentielle, ***estar*** un état momentané, ***ser alegre***, être gai (de nature), ***estar alegre***, être gai (momentanément). On emploie ***estar*** avec ***contento, satisfecho***, ***ser*** avec ***feliz, desgraciado*** (voir p. 18, 56 et 185).

Le mot ***humor*** signifie humeur et humour (voir p. 144).

- Dans la langue familière, ***la depre***, abréviation de ***la depresión***, peut se traduire par la déprime ; ***estoy con la depre***, je suis déprimé, j'ai le cafard ; dans le même registre familier, ***tener la moral por los suelos***, avoir le moral à zéro (voir aussi p. 184).
- ***Reír a carcajadas***, rire aux éclats ; ***desternillarse de risa***, se tordre de rire ; ***llorar a lágrima viva***, pleurer à chaudes larmes.
- ***Un gesto***, une grimace (voir note p. 59).

La vida moral
La vie morale

Las cualidades | *Les qualités*

la conducta	la conduite	**honrado**	honnête
portarse	se comporter	**la sinceridad**	la sincérité
la virtud	la vertu	**sincero**	sincère
el bien y el mal	le bien et le mal	**fiel**	fidèle
cumplir con su deber	remplir son devoir	**la franqueza**	la franchise
el ejemplo	l'exemple	**franco**	franc
la prudencia	la prudence	**la generosidad**	la générosité
prudente	prudent	**generoso**	généreux
la paciencia	la patience	**la bondad**	la bonté
paciente	patient	**bueno**	bon
soportar, aguantar	supporter	**la caridad**	la charité
obedecer	obéir	**caritativo**	charitable
obediente	obéissant	**la tolerancia**	la tolérance
humilde	humble	**tolerante**	tolérant
serio, formal (1)	sérieux	**perdonar**	pardonner
digno	digne	**el consuelo**	la consolation
la honradez	l'honnêteté	**consolar (ue)**	consoler

POUR ALLER PLUS LOIN

- ***La moral*** signifie, comme en français, la « morale », l'« éthique », mais aussi au féminin, le « moral » : ***levantar la moral***, remonter le moral ; ***ir con mucha moral***, avoir un bon moral.
- Cette expression proverbiale ***haz bien y no mires a quién***, mot à mot : fais le bien et ne regarde pas à qui (tu le fais), est explicite. Une phrase de saint Vincent de Paul exprime la même idée : la vraie charité ouvre les bras et ferme les yeux.
- ***Deber***, devoir. L'idée d'obligation (voir p. 176) peut être rendue par le verbe ***deber*** suivi de l'infinitif, surtout lorsqu'il s'agit d'une obligation d'ordre moral : ***debemos confiar en el porvenir***, nous devons (il faut) avoir confiance dans l'avenir. ***Deber de*** exprime la conjecture (la langue actuelle tend à supprimer le ***de***). ***El sentido del deber***, le sens du devoir.
- ***Perdonar*** se traduit par « pardonner » (***Perdónanos nuestras deudas***, Pardonne-nous nos offenses) ou par excuser (***¡ perdona !***, excuse-moi !). ***Pedir perdón***, demander pardon.

Un refrán : ***con paciencia se gana el cielo***, avec de la patience on arrive à bout de tout.

- Certains noms de qualités ou de défauts sont cités dans le chapitre 36 à propos du caractère.

Los defectos | Les défauts

el vicio	le vice	**burlarse de** (4)	se moquer de
la falta	la faute	**el descaro**	le toupet, l'audace
el orgullo	l'orgueil	**¡ qué caradura !, ¡ qué cara !** *(fam.)*	quel culot !
orgulloso	orgueilleux	**la avaricia**	l'avarice
la vanidad	la vanité	**avaro, avariento** (5)	avare
vanidoso (2)	vaniteux	**el egoísmo**	l'égoïsme
presumido	prétentieux	**egoísta** (6)	égoïste
cursi *(fam.)*	snob	**imprudente** (7)	imprudent
la mentira	le mensonge	**impaciente**	impatient
mentiroso	menteur	**caprichoso**	capricieux
mentir (ie, i)	mentir	**cobarde**	peureux, lâche
engañar	tromper	**la pereza**	la paresse
la hipocresía	l'hypocrisie	**holgazán, perezoso** (8)	paresseux
hipócrita	hypocrite	**no dar golpe** *(fam.)*	ne pas en ficher une rame
la maldad	la méchanceté	**la curiosidad**	la curiosité
malo (3)	méchant	**curioso** (9)	curieux
la crueldad	la cruauté		
cruel	cruel		

POUR ALLER PLUS LOIN

● Les adverbes de manière. Ils s'obtiennent à partir de la forme féminine de l'adjectif (s'il y en a une), à laquelle on ajoute ***-mente*** : ***orgullosamente, cruelmente***. Lorsque plusieurs adverbes de ce type se suivent, seul le dernier prend ***-mente***, les précédents se présentant au féminin : ***caprichosa e impacientemente***, capricieusement et impatiemment.

● ***El orgullo***, l'orgueil mais aussi la fierté ; ***orgulloso***, orgueilleux mais aussi fier : ***está orgullosa de sus hijos***, elle est fière de ses enfants.

¡ Ojo ! ***Ser malo***, être méchant ; ***estar malo***, être malade ; ***ser bueno***, être bon ; ***estar bueno***, être bien portant.

● ***La mentira***, le mensonge. Notez l'expression très courante : ***parece mentira***, c'est incroyable ; ***parece mentira que dos amigos como tú y yo no estemos nunca de acuerdo***, c'est tout de même incroyable que deux amis comme toi et moi ne soient jamais d'accord ; ***este muchacho miente más que habla***, ce garçon ment comme il respire.

La vida intelectual
La vie intellectuelle

El pensamiento, la imaginación | La pensée, l'imagination

la mente, el espíritu	l'esprit
pensar (ie)	penser
reflexionar (1)	réfléchir
imaginar	imaginer
figurarse	se figurer, s'imaginer
la memoria	la mémoire
el recuerdo	le souvenir
acordarse (ue)	se rappeler, se souvenir
recordar (ue)	(se) rappeler
el olvido	l'oubli
olvidar(se)	oublier
la razón	la raison
el razonamiento	le raisonnement
razonable	raisonnable
lógico	logique
el sentido común	le bon sens
la idea	l'idée
el punto de vista	le point de vue
el parecer	l'avis
la actitud	l'attitude
el interés	l'intérêt
interesante	intéressant
interesarse por	s'intéresser à
la opinión	l'opinion, l'avis
opinar	penser ; donner son avis
¿ qué opinas de este actor ?	que penses-tu de cet acteur ?
creer	croire
la duda	le doute
dudar	douter
vacilar, dudar	hésiter

POUR ALLER PLUS LOIN

- Le célèbre « je pense, donc je suis » se rend en espagnol par ***pienso, luego existo***. Penser à, ***pensar en*** : ***no pensé en decírtelo***, je n'ai pas pensé à te le dire ; ***voy a pensarlo***, je vais y penser, y réfléchir ; ***pensándolo bien***, réflexion faite ; ***¡ ni pensarlo !***, pas question ! ; ***el día menos pensado***, le jour où on s'y attend le moins.
- ***¿ Te acuerdas de mí ?***, tu te souviens de moi ? ; ***te recuerdo que vamos al teatro esta noche***, je te rappelle que nous allons au théâtre ce soir ; ***me acuerdo de que*** ou ***recuerdo que el día de mi cumpleaños llovió mucho***, je me souviens, je me rappelle que le jour de mon anniversaire il a beaucoup plu ; ***si mal no recuerdo***, si j'ai bonne mémoire.
- ***Cambiar de opinión***, changer d'avis ; ***en mi opinión***, à mon avis ; ***al parecer***, apparemment, semble-t-il ; ***me parece que…*** il me semble que… ; ***parece que va a llover***, on dirait qu'il va pleuvoir ; ***según parece***, à ce qu'il paraît.

Un refrán : ***en la duda, abstente***, dans le doute, abstiens-toi.

¡ Ojo ! Le verbe ***dudar*** a les sens de « douter » et d'« hésiter » ; dans ce dernier cas, il est synonyme de ***vacilar*** : ***vacilé en aceptar***, j'ai hésité à accepter ; ***dudo si cambiar de piso***, j'hésite à, je me demande si je vais changer d'appartement ; ***no duden en consultarnos***, n'hésitez pas à nous consulter.

La inteligencia, el conocimiento | L'intelligence, la connaissance

el genio	le génie
el talento	le talent
el don	le don
inteligente	intelligent
listo	vif, intelligent, malin
sabio (2)	savant, sage
capaz	capable
vivo	vif
astuto (3)	astucieux
chistoso	drôle, spirituel
gracioso	amusant, drôle
el sentido del humor	le sens de l'humour
se me ha ocurrido una idea	une idée m'est venue à l'esprit
entender (ie), comprender	comprendre
darse cuenta	se rendre compte
concebir (i)	concevoir
aprender	apprendre
conocer	connaître
el conocimiento	la connaissance
la experiencia	l'expérience
saber	savoir
juzgar	juger
el juicio	le jugement
el prejuicio	le préjugé
la tontería	la bêtise
tonto, bobo	bête, sot, idiot
necio	sot
estúpido	stupide
idiota	idiot
chiflado, chalado *(fam.)*	cinglé, dingue
cerrado de mollera *(fam.)*	borné

POUR ALLER PLUS LOIN

¡ Ojo ! Le mot ***genio*** a aussi le sens de caractère (voir p. 180).

● Le verbe ***ocurrir*** signifie « arriver », « advenir », « se passer » : ***me ha ocurrido una cosa rara***, il m'est arrivé une drôle de chose ; ***¿ qué ocurre ?***, que se passe-t-il ? À la forme pronominale il a le sens de venir à l'esprit, à l'idée, passer par la tête : ***¿ cómo se te ocurrió hacer esto ?***, comment as-tu eu idée de faire ça ? ; ***no se me ocurre otra explicación***, il ne me vient pas à l'esprit, je ne vois pas d'autre explication. ***Una ocurrencia*** : une idée ou un mot d'esprit, une boutade ; ***¡ qué ocurrencia !***, quelle drôle d'idée !

● ***No entiendo***, je ne comprends pas ; ***¿ te das cuenta ?***, tu te rends compte ? ; ***no conozco el alemán, a esta señora***, je ne connais pas l'allemand, cette dame ; ***¿ qué sé yo ?***, que sais-je ? ; ***no lo sé***, je ne sais pas, je l'ignore ; ***ya lo sabía yo***, je le savais bien.

Dos refranes : ***el saber no ocupa lugar***, on n'en sait jamais trop ; ***a buen entendedor pocas palabras bastan***, à bon entendeur, salut.

En busca de la verdad | À la recherche de la vérité

verdadero	vrai, véritable
seguro	sûr
cierto	certain, sûr, vrai
falso	faux
el error	l'erreur
esencial	essentiel
imprescindible	indispensable
adivinar	deviner
suponer	supposer
la hipótesis	l'hypothèse
sospechar (4)	soupçonner, supposer
notar, advertir	remarquer
fijarse en, reparar	remarquer, observer
convencer	convaincre
persuadir	persuader
animar	encourager
el consejo	le conseil
aconsejar (5)	conseiller
la influencia	l'influence
influir	influencer
la elección, la opción	le choix
escoger, elegir (i) (6)	choisir
averiguar	vérifier
admitir	admettre
aceptar	accepter
estar de acuerdo	être d'accord
aprobar (ue)	approuver
acertar (ie)	réussir
el acierto	la réussite
equivocarse	se tromper
meter la pata *(fam.)*	faire une gaffe
confundir	confondre
la conclusión	la conclusion
concluir	conclure

POUR ALLER PLUS LOIN

- ***Increíble pero cierto***, incroyable mais vrai.
- « Une vérité de La Palice », « une lapalissade », se dit ***una verdad de Perogrullo*** ou ***una perogrullada, Perogrullo***, personnage imaginaire, étant l'homologue hispanique de notre M. de La Palice. Le mot ***verdad*** s'emploie dans plusieurs phrases brèves : ***a decir verdad***, à vrai dire ; ***¿ de verdad ?***, vraiment ? ; ***es verdad***, c'est vrai ; ***pues, la verdad, no***, eh bien, à la vérité, non. Et, rappelez-vous : ***¿ verdad ?***, n'est-ce pas ?
- Le verbe ***fijar*** a le sens de « fixer » et, à la forme pronominale, celui de « faire attention, remarquer », etc. : ***fíjate bien***, fais bien attention ; ***fíjate en el significado de esta palabra***, remarque le sens de ce mot. La forme pronominale est très employée exclamativement : ***¡ fíjate ¡***, tu te rends compte !, tu vois ça ! ; ***¡ fíjese usted !***, ***¡ fíjense ustedes !***, vous vous rendez compte !

¡ Ojo ! ***aprobar*** a les sens d'« approuver » et d'« être reçu » (à un examen).

- ***Dar en el blanco*** (***el blanco***, la cible), mettre dans le mille, tomber juste ; ***dar en el clavo***, tomber juste, voir juste.

El español de América | *L'espagnol d'Amérique*

la aeromoza	l'hôtesse de l'air
el altoparlante	le haut-parleur
apurarse	se dépêcher
la arveja	le petit pois
el bife	le bifteck
el bohío	la cabane (Antilles)
el boliche	l'épicerie-buvette
el boleto	le billet
botar	jeter
la carpa	la tente
el carro	la voiture
la chacra	la ferme
el chancho	le porc, le cochon
la chicha	la boisson fermentée à base de maïs
la china	la domestique ; l'amie
el choclo	l'épi de maïs
el cholo	le métis
el criollo	l'Américain d'ascendance européenne
la cuadra	le pâté de maisons
el durazno	la pêche (fruit)
egresar	sortir (d'une grande école)
el elevador	l'ascenseur
la estampilla	le timbre
fregar (ie)	embêter
la frutilla	la fraise
el galpón	le hangar
la guagua	le bébé ; l'autobus (Cuba)
la malla	le costume de bain
manejar	conduire (un véhicule)
el maní	la cacahuète
la mucama	la bonne
la nafta	l'essence
la palta	l'avocat (fruit)
la papa	la pomme de terre
pararse	se mettre debout
parquear	(se) garer
la plata	l'argent (monnaie)
la pollera	la jupe
el poroto	le haricot
el pulque	le pulque, boisson fermentée à base d'agave (Mexique)
el saco	la veste
el soroche	le mal des montagnes
el temblor	la secousse tellurique
el timón	le volant
la vereda	le trottoir
el zancudo	le moustique

POUR ALLER PLUS LOIN

Nous ne donnons ici qu'un choix (il y en a des milliers !) d'américanismes les plus répandus.

- L'espagnol d'Amérique présente aussi quelques particularités grammaticales : ainsi en Argentine, Uruguay, et dans certains pays d'Amérique centrale, ***vos*** remplace ***tú***, avec des formes verbales spéciales : ***vos sos***, tu es, etc. Le prétérit est plus employé en Amérique que le passé composé.

- Parmi les nombreuses langues indigènes qui ont enrichi le vocabulaire américain, citons, en simplifiant : ***el náhuatl*** (Mexique), ***el quechua*** et ***el aimará*** (Pérou, Bolivie), ***el guaraní*** (Paraguay), ***el araucano*** (Chili). De nombreux toponymes sont empruntés à ces langues ; par exemple ***la pampa*** (du quechua signifiant plaine) et souvent déformé en ***bamba***.
Certains mots espagnols sont empruntés à ces langues indigènes : ***el tomate, el cacao, el chocolate, el cacahuete***, du náhuatl, ***la hamaca, el maíz, el tabaco***, d'une langue d'Haïti, ***la piragua*** du caraïbe, ***el caucho*** (le caoutchouc) d'origine péruvienne, ***el jaguar*** (du tupi-guarani), etc.

El Cono Sur (le Cône sud) : on donne ce nom aux pays méridionaux d'Amérique du Sud (Argentine, Chili, Paraguay, Uruguay).

El mate est une infusion très appréciée dans les pays du ***Cono Sur*** faite avec les feuilles torréfiées et moulues d'un arbuste de la famille du houx : ***el mate*** (ou ***yerba mate***). On la boit, généralement brûlante, dans une petite calebasse évidée (appelée aussi ***mate***) en l'aspirant par une pipette en métal à l'extrémité renflée et percée de trous : ***la bombilla***. La bouilloire pour l'eau se nomme ***la pava***. Le ***mate*** accompagne souvent un ***asado***, viande rôtie à la broche ou sur le gril en plein air.

Le ***gaucho*** est l'équivalent du cow-boy : un gardien de troupeaux, mais dans les pampas d'Amérique du Sud. Farouchement individualiste, le ***gaucho*** d'autrefois menait une existence vagabonde, toujours à cheval, faisant étape dans les ***pulperías***, sortes d'épiceries-buvettes. Au milieu du XIXe siècle, le développement de l'agriculture et l'apparition des clôtures en fil de fer ont fait disparaître peu à peu le personnage rude du ***gaucho*** de jadis dont la littérature ***gauchesca*** a perpétué le souvenir, en l'idéalisant. Ses héritiers portent toujours des ***bombachas*** (pantalons bouffants), des bottes plissées, une large ceinture (***el tirador***), et restent experts à manier le lasso (***el lazo***). Les ***boleadoras*** sont des boules de pierre enrobées de cuir (2 ou 3) fixées à l'extrémité de courroies qui servent à renverser un animal.

Notez : une grande exploitation agricole se dit ***una hacienda*** ; en Argentine et en Uruguay ***una estancia***. Le ***rancho*** est la cabane du ***gaucho***.

Quatre instruments de musique d'Amérique latine :
El charango (petite guitare faite avec une carapace de tatou) ; ***las maracas*** ; ***la quena*** (petite flûte indienne) ; ***el rondador*** (sorte de flûte de Pan).

- En Amérique, l'explosion démographique et l'exode rural sont à l'origine d'immenses bidonvilles, nommés ***villas miserias*** en Argentine, ***poblaciones callampas*** (champignons) au Chili, ***barriadas*** au Pérou, ***colonias proletarias*** ou ***jacales*** (cabanes) au Mexique, ***ranchos, ranchitos, rancherías*** ailleurs (de ***rancho***, cabane). Au Pérou, on emploie aussi l'expression ***pueblos jóvenes***… qui relève de l'euphémisme !

Una cuadra désigne en fait la longueur d'un pâté de maison, la distance d'un angle de rue à l'autre (généralement une centaine de mètres). ***Un jirón*** est une avenue au Pérou.

Imprimé en Italie par Grafica Editoriale Printing
Dépôt légal 1re édition : septembre 2002
N° de projet : 10108079 - Dépôt légal : septembre 2003